L'ABBÉ N. DELSOR
1847—1927.

UNE BELLE FIGURE D'ALSACE

L'ABBÉ N. DELSOR

(1847 - 1927)

ESQUISSE BIOGRAPHIQUE

PAR UN GROUPE D'AMIS

ORNÉE DE PLUSIEURS PORTRAITS

EDITION DE LA REVUE
CATHOLIQUE D'ALSACE

STRASBOURG
F. X. LE ROUX & Cie, S. A., IMPRIMEURS ET EDITEURS
1928

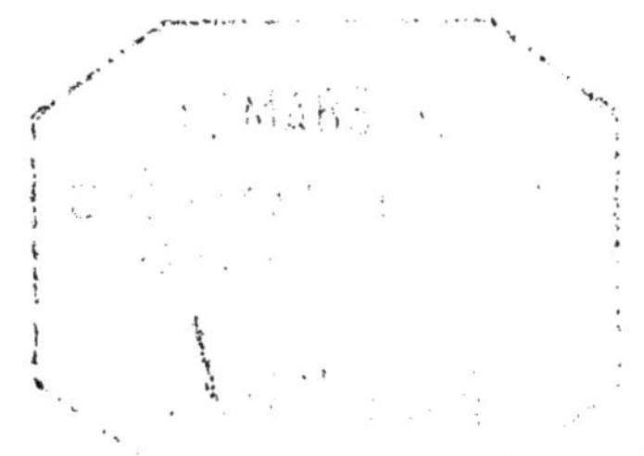

I.

L'ABBÉ DELSOR, SA VIE.

Les vœux que nous formions pour Monsieur le Chanoine Delsor à l'occasion de son quatre-vingtième anniversaire de naissance, ne devaient donc pas se réaliser! Ils étaient cependant bien sincères, bien ardents, et celui qui s'en faisait l'interprète, ne pensait pas que l'article de fête qu'il lui consacrait ne serait qu'un article nécrologique anticipé.

Coïncidence curieuse! C'est aux environs du 20 décembre 1891 que Monsieur le Chanoine Delsor sortait de sa prison de Mulhouse, où l'avait conduit un article de la *Revue catholique d'Alsace*. Je lui écrivais alors, pour le féliciter, en lui rappelant l'antienne de l'office de ce jour, que tous les prêtres, qui me lisent, connaissent: « O clavis David ... veni et educ vinctum de domo carceris... » Et c'est trente-six ans après, jour pour jour, c'est-à-dire le 20 décembre 1927, que l'âme de notre vénéré ami est sortie de la prison de son corps pour prendre son vol vers le Ciel! Je songe, en commençant le présent article, à ces trente-six années pendant lesquelles, intimement unis sans être toujours d'accord, nous avons combattu pour la même cause, lui avec toute la fougue de son tempérament de lutteur et toute la supériorité de sa riche intelligence, moi en le secondant de mes faibles moyens. Et le lecteur comprendra avec quelle tristesse je reprends aujourd'hui la plume pour rendre hommage à sa mémoire et lui dire un dernier adieu dans la *Revue catholique d'Alsace*, qui a été l'œuvre de sa vie.

Monsieur Nicolas Delsor était né à Strasbourg le 5 octobre 1847. Il était, il aimait à le rappeler, de très modeste extraction, un enfant du peuple dans toute l'acception du mot et c'est là, sans doute, ce qui explique son amour, disons mieux, son respect pour les humbles et les petits, dont il soutenait volontiers les légitimes revendications, sans cependant jamais, dans un but démagogique, flatter leurs passions.

Strasbourgeois jusque dans le fond de l'âme, il connaissait sa ville natale, son passé et son présent, comme seuls la connaissent ceux qui, d'après l'expression consacrée, sont « *guet von hie* ». Aussi, avec quelle verdeur ne remettait-il pas à leur place les imprudents qui se risquaient à parler de *son* Strasbourg sans la compétence voulue! Il en parlait et surtout en écrivait la langue avec la rare perfection que l'on sait et, comme le *Pfingstmondaa* d'Arnold, ses inimitables « Causeries de la Taverne » resteront une mine inépuisable pour les philologues de l'avenir qui voudront se renseigner sur le parler strasbourgeois, en même temps que, par leur contenu, elles seront une source précieuse pour l'histoire de l'époque.

Très personnel de nature et partant très volontaire, d'un tempérament exubérant, volcanique comme s'est exprimé le Dr Pfleger dans un remarquable article du *Nouveau Journal de Strasbourg*, le jeune Nicolas devait être un enfant assez difficile à gouverner. Il fut en tout cas un enfant très intelligent et très studieux. Il commença par fréquenter l'école des Frères de Marie (1854—1858) et, jusqu'à la fin de ses jours, il garda à ses premiers maîtres un souvenir reconnaissant, se plaisant à répéter en toute occasion que ce qu'il savait le mieux, il l'avait appris chez les Frères.

Ce que furent ses études classiques, qu'il fit au Petit Séminaire de Strasbourg (1858—1865) et qu'il couronna par un brillant examen de baccalauréat, il suffisait d'une demi-heure d'entretien avec lui pour s'en rendre compte: de son commerce avec les chefs-d'œuvre de l'antiquité grecque et latine il tenait en effet, emmagasinés, dans son impeccable mémoire, des trésors dont, sous forme de citations, il émaillait sa conversation, comme, du reste, aussi ses écrits. Je ne sais si, dans les dernières heures de sa vie, on aurait encore pu répéter à son sujet la phrase admirative d'un personnage d'une comédie de Molière : « Il sait du grec, ma sœur, il sait du grec ! » Mais il savait encore le latin comme seuls les spécialistes le savent, témoin l'élégante inscription qu'il composa pour commémorer l'événement historique que fut la restauration du pilier de la Cathédrale de Strasbourg et qui a fait l'admiration de tous les connaisseurs.

Il savait mieux encore le français et il faudrait le savoir comme lui pour parler dignement de la souveraine maîtrise avec laquelle il maniait notre langue. C'est en parlant de lui qu'une personnalité très autorisée me disait un jour que ce sont surtout les Alsaciens qui, dans leurs écrits, restent fidèles aux traditions littéraires du grand siècle. En effet, Monsieur Delsor n'a jamais pu s'accommoder de certaines libertés que beaucoup d'auteurs modernes, et non des moindres, se permettent vis-à-vis de la langue française. Il s'en tenait, lui, au vocabulaire et à la syntaxe traditionnels, évitant le néologisme, les termes et les tournures insolites, les constructions tourmentées avec autant de soin que d'autres les recherchent.

Sa phrase, invariablement correcte, ordonnée logiquement et bien rythmée, était le vêtement de sa pensée, vêtement riche, sans doute, et coloré quand le sujet l'exigeait, mais toujours sans surcharges, sans ornements inutiles ou encombrants. Même quand son tempérament « volcanique » faisait explosion, ce qui n'était pas rare, elle coulait, limpide et transparente comme l'eau du ruisseau, claire comme sa pensée elle-même. C'est qu'à l'époque où Monsieur Delsor faisait ses études, et encore plus tard, la place réservée, dans nos collèges, aux auteurs autres que ceux du XVIIe siècle, était très petite. On y était classique jusqu'à l'excès et, même de mon temps, bien qu'alors le mouvement romantique fût déjà de l'histoire ancienne, nos professeurs de littérature en faisaient à peine mention.

Ajoutons encore que, chez lui surtout, le style c'était l'homme. Toute idée ayant passé par son cerveau en sortait marquée de sa forte griffe. Et, même non signés, ses articles se reconnaissaient entre mille. Il écrivait avec une étonnante facilité, aussi vite que la plume pouvait aller, et c'est à peine si le travail se sentait parfois à l'art avec lequel il savait ménager les transitions.

Il est vrai, Monsieur Delsor ne s'est jamais piqué de faire de la littérature, du moins de la littérature pure. S'il écrivait, ce n'était pas pour le plaisir d'écrire, mais parce qu'il avait quelque chose à dire. Et il avait beaucoup à dire. Je me souviens de la parole d'un de nos journalistes qui me confiait qu'une promenade d'un quart d'heure avec M. Delsor lui fournissait de la matière pour vingt articles. Tellement il savait de choses et tellement ces choses présentées par lui après avoir, en passant par sa tête, reçu l'empreinte de sa puissante originalité, réveillaient d'idées chez ceux qui avaient l'avantage de le fréquenter.

C'est principalement pendant le stage réglementaire que notre ami fit au Grand Séminaire de Strasbourg (1865—1869), qu'il posa les fondements de cet édifice scientifique et qu'il commença à amasser ce savoir encyclopédique qu'infatigable travailleur, il ne devait cesser d'augmenter jusqu'à la fin de ses jours. Il fut en effet un brillant élève de théologie, comme il avait été un brillant élève d'humanités. Et ceux qui n'ont connu de lui que le journaliste ou l'homme politique, ne se doutaient pas de la parfaite aisance avec laquelle il se mouvait dans le vaste domaine de la science sacrée. C'est que, prêtre avant tout, et prêtre qui avait la plus haute idée de la sublimité de sa vocation, il se serait fait scrupule de négliger la science qui rentrait plus particulièrement dans les attributions de son état.

Il fut ordonné prêtre le 24 juillet 1870, au son du canon, comme il aimait à le raconter, et après avoir déjà été, l'année précédente, nommé professeur au Petit Séminaire de Strasbourg. La guerre franco-allemande venait d'éclater et, aussitôt la place de Strasbourg investie, il se mit au service de l'administration militaire comme infirmier et comme aumônier, ce qui lui valut la Médaille de 1870, à laquelle il a toujours attaché un grand prix. Le bombardement de sa ville natale lui alla droit au cœur et — *manet alta mente repostum* — le souvenir des horreurs auxquelles il avait assisté n'était pas fait pour lui faire aimer les vainqueurs d'alors.

Les hostilités terminées, Monsieur Delsor retourna à son poste de professeur au Petit Séminaire, que, malheureusement pour ses élèves — car avec son intelligence si bien meublée et avec son remarquable talent d'exposition il aurait certainement été un professeur excellent — il ne devait occuper que jusqu'en 1874, époque de la suppression de l'établissement. Mes lecteurs s'en souviennent, le cher défunt a raconté ici même comment finit alors le Séminaire qu'il aimait tant et comment du même coup disparut chez nous la liberté d'enseignement, que nous garantissait la loi française, pour faire place à l'omnipotent monopole allemand.

Je pourrais, si je ne craignais de devenir trop long, compléter son récit en racontant la part active qu'à cette même époque il prit au mouvement de protestation contre la déclaration de Monseigneur Ræss, au Reichstag, ainsi que les suites fâcheuses que cette protestation entraîna, moins pour lui, que pour plusieurs de ses collègues. Lui-même accepta, sur ces entrefaites, un poste de précepteur dans la famille de M. de Saint-Chamant, trésorier-payeur général à Nantes. Mais ce genre de vie, quoique fort intéressant pour qui veut élargir son horizon, ne devait guère convenir à son tempérament. Il avait, du reste, sa mission providentielle à remplir en Alsace et après trois ans de préceptorat (1874—1877), il rentra dans le pays.

C'est maintenant que nous le voyons entrer dans le ministère paroissial où, jusqu'à son admission à la retraite, suivie de sa nomination de chanoine honoraire (1920) et de chanoine titulaire (1927), il passera sa vie, d'abord, après un court stage de vicaire à Colmar (1877—1879), comme curé de Wahlenheim (1879—1888), de Nordheim (1888—1901) et de Marlenheim (1901—1919). A propos de curés, il a été publié dans les dernières années, deux livres qui ont fait sensation: « Mon curé chez les pauvres » et « Mon curé chez les riches ». M. Delsor n'a été ni l'un, ni l'autre; il a été « Mon curé chez tous », c'est-à-dire tout simplement un bon, un très bon curé qui, prenant le ministère au sérieux et avec cet esprit de foi qui l'animait, avait soin des âmes qui lui étaient confiées.

Il était surtout un curé très occupé, consacrant les loisirs que lui laissait le ministère à l'étude et à la vie publique. Déjà comme curé de Wahlenheim il avait fondé ou plutôt ressuscité (1882) la Revue catholique d'Alsace, pour laquelle, depuis le premier jour, il rédigeait cette brillante et célèbre « Revue du Mois » si universellement appréciée et admirée, sans parler des nombreux articles spéciaux qui y figuraient, signés de son nom.

Puis ce furent les réunions du *Volksverein* qui longtemps — on l'a trop oublié depuis — semblaient ne pouvoir se tenir ou du moins manquer d'entrain et d'éclat si M. Delsor n'y prenait pas la parole. Ceux qui l'ont accompagné dans ces randonnées, se souviennent de l'enthousiasme que soulevait d'abord sa simple apparition, ensuite son éloquence, cette éloquence *sui generis*, faite de colère, d'ironie, d'humour, de verve endiablée, bref de toutes les passions oratoires mises au service des meilleurs arguments et, par dessus tout, de cette conviction qui, plus encore que par sa voix, parlait par ses gestes, par sa figure contractée, par ses yeux en feu et par toute sa personne.

C'est surtout dans ces moments que faisait explosion le volcan auquel il a été fait allusion plus haut, pour se déverser tout brûlant sur l'auditoire. Les auditeurs, suspendus à ses lèvres, riaient, pleuraient, trépignaient et applaudissaient, mais surtout étaient remués et rentraient dans leurs foyers prêts à traduire en actes les idées et les sentiments que leur avait communiqués ce verbe enflammé.

Notons d'ailleurs que cette éloquence, toute populaire qu'elle fût, ne manquait pas son effet sur le public plus cultivé. Celui-ci admirait surtout ces spirituelles saillies, véritables trouvailles, et presque des traits de génie que tout à coup, pour définir une situation, pour peindre un homme, M. Delsor jetait dans le discours ou dans la conversation et qui vous étourdissaient au premier moment. Le public cultivé n'admirait pas moins cette implacable logique qui, chez notre ami, dégénérait parfois en défaut puisque, une fois parti — et tant pis si, comme cela lui arrivait, il partait du mauvais pied — il

Le premier Communiant.

allait sans s'arrêter, il allait toujours, ne regardant ni à droite, ni à gauche, jusqu'aux conséquences extrêmes du principe qu'il avait posé à son départ.

J'ai dit: tant pis s'il partait du mauvais pied, car alors c'était la casse, c'était une mauvaise affaire qu'il fallait arranger, c'était même une brouille avec des amis, mais une brouille de courte durée, car cet homme aux allures si absolues, une fois redevenu calme, savait, comme personne, revenir sur un jugement excessif et se ranger, réflexion faite, à l'avis motivé d'un autre.

Et ce que je viens de dire des réunions du *Volksverein*, s'applique également à ses discours électoraux et, même dans une certaine mesure, aux sermons de fête que ses confrères lui demandaient très souvent et qu'il ne refusait jamais.

Je me souviens d'un discours électoral qu'il prononça un jour à Erstein et dans lequel il rappela le général Offenstein, enfant de la petite ville, lequel, campé au pied d'un monticule qu'il s'agissait d'enlever, adressa à ses troupes cette courte harangue: « L'ennemi est en haut; vous êtes en bas. Il faut que dans un quart d'heure les rôles soient changés, c'est-à-dire que vous soyez en haut et que l'ennemi soit en bas. En avant! » — L'auditoire avait compris et ce fut un tonnerre d'applaudissements!

Ceci nous conduit à l'année 1898, époque à laquelle commence sa vie parlementaire. Mais uniquement chargé de tracer un tableau d'ensemble de sa longue et belle carrière, je ne le suivrai pas au Reichstag où, de 1898 à 1918, toujours honoré de la confiance de ses électeurs, il représenta l'arrondissement d'Erstein-Molsheim, ni au Landtag où il entra en 1911, ni au Sénat où il siégea de 1919 à 1927, d'autres s'étant chargés d'esquisser le rôle qu'il joua dans ces différents Parlements.

D'autre part, je ne veux pas revenir sur les circonstances humiliantes — humiliantes moins pour lui que pour son parti et pour toute l'Alsace — par suite desquelles son mandat de Sénateur n'a pas été renouvelé aux dernières élections. On a dit qu'il en avait pleuré, qu'il a même éclaté en sanglots. Je ne le crois pas. Mais je sais qu'il a souffert de cet acte de noire ingratitude, dont, depuis, ses adversaires, honteux de ce qu'ils avaient fait, ont essayé, mais en vain, de se laver par des explications hypocrites ou directement mensongères, comme il a souffert aussi d'autres injustices dont il a été victime sur le tard de sa vie.

Parce qu'il était bon Français, ne s'est-il pas trouvé des misérables qui sont allés jusqu'à insinuer d'abord, jusqu'à dire tout haut ensuite que, par excès de patriotisme, il sacrifiait nos intérêts religieux, par conséquent jusqu'à mettre en doute ce qui lui tenait le plus à cœur, sa fidélité à l'Eglise? Comme si dans tout cœur, et surtout dans un cœur noble et grand comme le sien, il n'y avait pas assez de place pour ce double amour de l'Eglise et de la France! Comme si toute sa vie n'était pas là pour démontrer l'insanité de cette grossière accusation qu'en d'autres temps, quand l'opinion n'était pas encore à tel point déformée, toute l'Alsace aurait repoussée du pied!

Je le veux bien et je l'accorde volontiers à ses détracteurs: quand sous le régime allemand, et surtout depuis, Monsieur Delsor parlait des choses de la France et attaquait la politique religieuse de son gouvernement, il le faisait dans un tout autre esprit qu'ils ne le font eux-mêmes, par amour pour la France et non par haine; mais, quoiqu'il lui en coûtât, il le faisait et — il n'y a presque pas de numéro de sa « Revue » qui n'en fasse foi — sans ménagements, au risque même, comme cela lui arriva lors de l'affaire de Lunéville et de la pénible interpellation qui suivit au Parlement, d'être traité de mauvais Français par des gens aussi aveugles ou aussi malveillants que ceux qui l'ont calomnié depuis. C'est qu'il savait, et en toute circonstance, faire son devoir. Sa conscience lui indiquait la voie à suivre. Et il la suivait, sans compter, sans calculer ce qu'il pourrait y gagner et surtout ce qu'il pourrait y perdre, avec ce bel entrain qu'il mettait à tout et qui est le propre des natures impulsives et généreuses.

Serait-ce peut-être là ce manque total d'objectivité que, dans un article aussi peu objectif que possible, un journaliste, qui en d'autres temps le jugeait avec plus d'équité, mais qui depuis . . . a cru pouvoir lui reprocher sur ce ton de je m'en-f . . . . . ou, si vous préférez une expression plus parlementaire, avec cette désinvolture d'homme blasé qu'il affecte volontiers, mais qui, plus encore qu'ailleurs, était déplacée ici, devant cette tombe à peine fermée qu'ont respectée les pires ennemis du défunt? Eh bien! non! rien de plus faux! Monsieur Delsor pouvait bien parfois, dans la chaleur de la lutte — et je l'ai reconnu plus haut — se laisser entraîner par la passion et en conséquence manquer d'objectivité. Mais c'étaient là des écarts momentanés. Il n'en est pas moins vrai que sa faculté maîtresse, c'était, non pas la sensibilité, bien qu'elle fût très développée chez lui et facilement irritable, mais l'intelligence, cette belle et vaste intelligence qui, avec sa forte volonté, dominait tout ce qui remuait ou bouillonnait en lui. Il pensait et voyait juste et, s'il avait encore été là, la réponse qu'il eût faite à l'auteur de cette attaque injustifiée l'eût prouvé sans réplique.

Il voyait juste et, parce qu'il disait volontiers ce qu'il voyait, il devenait facilement un compagnon ou un allié gênant pour ceux qui marchaient à côté de lui et qui, parce qu'il se refusait à les suivre dans leurs écarts, l'accusaient de manquer d'esprit de discipline. C'est ce qui lui est arrivé avant la guerre, à l'époque, par exemple, où les catholiques immigrés et plusieurs des nôtres complotaient le ralliement du Parti populaire alsacien au Centre allemand, à l'époque où, avec quelques amis, il fonda le *Volksbote*, et dans d'autres circonstances. C'est ce qui lui arriva encore depuis au moment où se déclenchait ou plutôt où se préparait le mouvement autonomiste, dont il resta l'ennemi irréductible. N'a-t-on pas écrit après sa mort que, s'il n'avait pas été réélu au Sénat, c'était parce qu'il s'était séparé de son parti? Non pas! C'est son parti, ou du moins une fraction de son parti qui s'était séparée de lui en même temps qu'elle se séparait du programme du parti, auquel il entendait rester fidèle envers et contre tout.

C'est à cette inviolable fidélité que l'histoire, plus juste pour lui que bon nombre de ses contemporains, rendra hommage un jour, quand les temps seront redevenus plus calmes. Elle rangera sa belle et noble figure à côté de celles des grands Alsaciens, des Freppel, des Guerber, des Simonis et des Winterer, qui par leurs talents et leurs vertus ont fait tant honneur à notre pays.

« . . . Ubi plura nitent . . . non ego paucis
Offendar maculis. . . . »

Les quelques légères taches, dont parle le poète, disparaîtront derrière l'éclat de ses mérites et l'histoire n'en tiendra pas compte. Elle louera son rare désintéressement qui a fait — et il faut le dire bien haut — que lui, si prodigue de sa plume, n'a écrit que dans des journaux ne rétribuant pas leurs collaborateurs et que, comme Directeur et Rédacteur de la « Revue catholique d'Alsace », non seulement il n'a pas été rémunéré, mais que, conformément à sa dernière volonté, les maigres économies qu'il a laissées en mourant, serviront à couvrir le restant du déficit des dernières années. Mais elle louera par dessus tout la haute dignité de sa vie de prêtre par laquelle, plus encore que par sa parole et sa plume, il a servi et honoré l'Eglise et, j'en ai l'intime conviction, elle ratifiera ce que j'ai écrit de sa vie à l'occasion de son quatre-vingtième anniversaire de naissance: c'était une belle vie de prêtre au service de l'Eglise et de la Patrie.

G. ISSENHART.

P. S. — A l'intention de ceux qui peut-être me reprocheront, à moi aussi, un manque d'objectivité, je répéterai ce que j'ai dit à Monsieur le Chanoine Delsor lui-même. Lorsque, peu de temps avant sa mort, mon article sur son quatre-vingtième anniversaire de naissance lui tomba sous les yeux, il me dit avec une pointe d'aimable malice: « L'encens ne coûte donc pas cher! pour que vous le prodiguiez ainsi! » Je protestai très vivement en lui disant: « Mon cher ami, je n'ai écrit que ce que je pense. » Et je l'entends encore qui, d'une voix déjà à moitié éteinte, me répondit: « Il est vrai, vous n'avez jamais écrit autre chose! »

II.

LE PARLEMENTAIRE:

LE DÉPUTÉ AU REICHSTAG.

Monsieur l'abbé Wetterlé, canoniste à l'ambassade française auprès du Saint-Siège, sollicité de contribuer, lui aussi, à la composition de ce numéro de la « Revue » que nous consacrons à la mémoire de M. le chanoine Delsor, a adressé à M. le chanoine Issenhart la lettre qui suit:

Mon cher ami,

Je ne vous savais pas spirite. Or, voilà que vous demandez à un mort de parler d'un autre mort. Bien qu'en abandonnant, sans pensée de retour, la politique militante, j'aie pris la ferme résolution (une résolution que j'ai tenue bien mieux que beaucoup d'autres) de ne plus écrire une ligne dans aucun journal et dans aucune revue, je ne puis pas résister à vos pressantes instances. Il ne s'agit pas, en effet, de se rejeter dans les luttes du temps présent, mais de rappeler un passé, qui fut très honorable, à ceux qui sont trop jeunes pour l'avoir connu ou, pour toutes sortes de motifs, trop oublieux pour daigner s'en souvenir.

Le vrai Delsor était peu connu. Bien qu'en apparence il se prodiguât, il ne se livrait vraiment qu'à un petit nombre d'amis. Beaucoup ne l'auront connu que tel qu'il se donnait en société: brillant causeur, d'une verve étincelante, parfois brusque, mordant, et nullement sentimental. Il avait cependant l'âme délicate, une sensibilité aiguë et un cœur excellent. Je vais vous étonner, mais plus d'une fois il m'est arrivé, à en juger d'après certains indices, de me demander si, malgré les apparences, il n'était pas un timide? L'humaine machine est tellement compliquée!

La vie ne lui avait pas été douce. Né de parents pauvres, c'est l'aiguille de sa sœur, habile ouvrière, qui lui permit de faire ses études. Cette même sœur, son aînée de quelques années, présida plus tard à son ménage, entourant le jeune curé de son dévouement, complet, mais quelque peu ombrageux, que sa reconnaissante affection lui faisait subir, mais auquel volontiers il se soustrayait pour se répandre au dehors.

Ceci aidera peut-être à expliquer pourquoi, supérieurement doué comme il était pour des études de longue haleine, au lieu de se confiner dans son cabinet de travail, il se laissa de bonne heure et si facilement absorber par la vie publique. Il étudiait, sans doute, beaucoup, lisait énormément et se tenait au courant de tout, mais c'était entre un déplacement et l'autre ou plutôt au cours même de ces déplacements.

C'est encore pour ce motif qu'après avoir tant parlé et tant écrit, il ne laisse aucune œuvre durable et, qu'ayant dominé de si haut ses contemporains, il n'eut d'abord pas le temps et ensuite plus la volonté de se constituer un corps de doctrine et un plan d'action. Il vivait un peu au jour le jour, jetant sur les événements les lueurs souvent aveuglantes de son esprit, mais n'arrivant pas à les diriger.

Delsor fut ainsi un entraîneur d'hommes et un incomparable manieur d'idées. Il n'aspira jamais à devenir chef de parti. Son esprit était trop mobile et trop critique pour se lier à un système rigide ou pour accepter une discipline rigoureuse.

Il disait toujours sa pensée tout entière et sans aucun ménagement. L'esprit d'intrigues lui inspirait la plus profonde répulsion et il se créa les plus implacables inimitiés en n'en faisant aucun mystère. Il avait encore l'horreur du nivellement par en bas, auquel il assistait sans pouvoir réagir. Précisément parce qu'il sortait d'un milieu vraiment populaire, il estimait à leur prix l'intelligence et l'éducation. Que de fois ne me disait-il pas: « Les intellectuels nous quittent les uns après les autres et nous tombons sous la domination des primaires. »

C'est en 1898 que Delsor fut, pour la première fois, élu député au Reichstag. Nous sortions alors de cette « paix des cimetières » qui avait si lourdement pesé sur l'Alsace depuis la suppression de l'*Union* et de l'*Odilienblatt*. Le célèbre discours de Preiss contre la dictature en 1895, l'élection si mouvementée d'Ignace Spiess en 1896 avaient provoqué une puissante réaction dans le pays. Cependant une grosse difficulté se présentait: Guerber, Simonis, Sieffermann refusaient de solliciter le renouvellement de leurs mandats. Ceux-ci traînaient à terre. Qui consentirait à les ramasser? Nous frappions à toutes les portes, n'essuyant que des refus. Lutter contre le gouvernement dictatorial qui, l'année précédente, avait encore supprimé d'un trait de plume la *Colmarer Zeitung* et le *Mülhauser Volksblatt*, c'était s'exposer aux pires tracasseries. Et puis aucune indemnité n'était accordée aux députés du Parlement d'empire, qui devaient vivre à leurs frais à Berlin. C'est ainsi que, quelques jours à peine avant les élections générales, on ne savait pas encore qui se présenterait, au nom de l'opposition, dans plusieurs circonscriptions importantes.

J'ai là, sur mon bureau, un gros paquet de lettres de Delsor, qui remontent à cette époque. Le directeur de la *Revue catholique* s'indigne des hésitations de ceux que l'opinion publique désignait comme les candidats les plus appropriés. Luimême avait d'abord redouté d'accepter une charge qu'il croyait trop lourde pour ses épaules. Son acceptation entraîna celle de Rœllinger et la mienne. Le succès dépassa notre attente. Pour la première fois, depuis bien des années, le groupe alsacien-lorrain s'assura la totalité (15) des mandats du Reichstag. Winterer, Preiss, Spiess, Hauss, Rœllinger étaient parmi les élus.

Notre nombre nous donna droit à un siège dans les commissions. Nous passâmes avec les Polonais une convention en vertu de laquelle, suivant que les questions qu'on y traitait, intéressaient davantage ou leur fraction ou la nôtre, les sièges des deux groupes étaient réservés à un seul d'entre eux.

C'est ainsi que, pendant les débats de la loi sur les vins de 1901, nous eûmes constamment deux représentants dans la commission qui la préparait. Plus tard, quand nous fûmes réduits à 11 d'abord, à 9 ensuite, nous acceptâmes d'être *zugezählt* (comptés avec) au Centre qui, s'assurant de cette manière un siège de plus dans les commissions, le mettait à notre disposition toutes les fois que nous le lui demandions.

Le député d'Erstein-Molsheim fut, de tous les représentants de l'Alsace, un des plus assidus aux séances du Parlement. Et pourtant, en ce temps-là l'énorme palais du Thiergarten était presque toujours désert. La haute conscience de Delsor ne lui permettait pas de négliger les devoirs du mandat qu'il avait accepté. Il lui en coûtait cependant de se montrer aussi assidu : « J'ai assez de motifs sérieux, m'écrivait-il à cette époque, pour qu'on excuse mon inaction de journaliste. J'ai une paroisse qui, à elle seule, occupe son homme ; je crois en outre que, en dehors de vous, personne n'est allé aussi assidûment que moi à Berlin ; je suis isolé et, pour avoir le moindre renseignement à prendre, il me faut me rendre à Strasbourg (au bas mot 6 heures de perdues) ; j'ai à soigner la Revue et vous savez ce que c'est que corriger les épreuves de Sutter. En outre je m'étais déjà, avant mon élection, chargé de la traduction de Spirago, qui me prend un temps énorme ; mais là encore je travaille pour le *Volksbote*, puisque je lui cède mes émoluments. De plus ma santé est plus gravement atteinte qu'il n'y paraît. Nos parents nous avaient habitués à ne pas nous plaindre et à continuer notre train. Je suis accablé de fatigues et de soucis. Il faut cependant encore que je reste en relations avec mes confrères et que je prêche de ci, de là, au dehors. »

On remarquera le passage où Delsor déclare qu'il abandonne ses émoluments à son journal. L'homme profondément désintéressé qu'il fut n'avait, en effet, jamais consenti à tirer aucun profit personnel de son incomparable talent d'écrivain. Dans une de ses lettres, il me fait l'aveu suivant : « L'état de mes finances me commande la plus sordide économie. » Et pourtant ce pauvre faisait vivre et la *Revue catholique*, qui était en perpétuel déficit, et le *Volksbote* qui, lui aussi, se débattait au milieu des pires difficultés financières.

Quand, après son expulsion de France, sous le ministère Combes, Delsor apprit que le journal de Cassagnac, l'*Autorité*, avait ouvert une souscription en sa faveur, il me fit immédiatement savoir qu'il refuserait toute indemnité: « Je désirerais aussi avoir votre avis sur le mode de refus à apposer à l'*Autorité* pour sa souscription. Je ne puis, pas plus que je ne veux accepter un centime. » Il poussait cette délicatesse jusqu'aux limites les plus extrêmes.

Cela ne l'empêchait pas de s'intéresser vivement au sort de ses confrères. Voici ce que je trouve dans une de ses lettres: « Vous pourriez vous rendre très populaire parmi les curés, en faisant remarquer au Landesausschuss que ce gouvernement, qui ne trouve pas l'argent nécessaire pour améliorer de cent marcs (par an) la situation des pauvres curés de campagne, trouve des millions pour quelques professeurs. »

Delsor lisait attentivement tous les rapports du Reichstag et il surveillait, avec la plus grande attention, la politique alsacienne-lorraine. En voici une preuve entre cent: « X. m'avait demandé quelques points sur lesquels il pourrait attirer l'attention du chancelier. Je lui ai indiqué les consulats, la loi sur les cris séditieux, l'enrôlement exagéré de nos jeunes gens dans la marine, l'amnistie pour les réfractaires militaires, au moins les plus vieux, les facilités pour la naturalisation de ceux qui ont perdu l'indigénat par ignorance. Avec ce qu'il a lui-même dans le ventre, cela lui fera un assez beau discours. »

Dès son arrivée à Berlin, Delsor avait été, comme ses collègues, l'objet des sollicitations pressantes de la fraction du Centre allemand qui voulait nous absorber. Il essaya d'y parer par la création en Alsace de la Landespartei, d'éphémère mémoire, et insista particulièrement, quand celle-ci se transforma en *Centrumspartei,* pour qu'on affirmât le caractère purement local et nettement particulariste de l'organisation: « Je pense, m'écrivait-il, que, pour le *Handbuch* du Reichstag, vous avez bien souligné *elsass-lothringische* Centrumspartei, » et il soulignait lui-même de cinq gros traits l'adjectif « alsacien-lorrain ». Une autre fois il écrivait encore : « S'ils insistent encore sur le ralliement au Centre, je leur jette ma démission à la tête. »

C'est pour s'opposer à ce ralliement qu'il avait créé (au prix de quels sacrifices) le journal d'abord hebdomadaire, puis quotidien, le *Volksbote*.

Dans plusieurs de ses lettres il revient sur la question des « rengagés militaires » (*Militäranwärter*). Nos autonomistes ont oublié qu'avant la guerre, tous les postes de fonctionnaires subalternes et une partie de ceux des fonctionnaires moyens, étaient réservés à d'anciens sous-officiers, aussi bien dans les bureaux de l'Etat que dans ceux des communes, et que, pour mieux remplir nos administrations d'immigrés, la moitié au moins de ces postes étaient réservés à des sujets d'autres Etats confédérés. Delsor ne cesse de se plaindre de cet envahissement d'éléments étrangers.

La réforme constitutionnelle de l'Alsace-Lorraine fut encore une de ses grosses préoccupations, comme en témoignent les passages suivants de ses lettres : « Je refuse ma signature au projet de Constitution pour l'A.-L. Je m'étonne que, me connaissant comme vous me connaissez, vous ayez pu me croire disposé à signer un projet de cette importance avant discussion au sein du groupe. Pour moi je me soucie fort peu que cette question vienne plus tôt ou plus tard. Elle ne sera résolue que lorsque le gouvernement le voudra et n'a pas l'importance qu'avait celle de la dictature. » — « Jamais on n'a fait une Constitution dans aucun pays que par une assemblée élue ad hoc. »

On a reproché à Delsor d'avoir parfois, en matières discutables, changé d'avis. Il avouait lui-même, avec bonne grâce, ces contradictions et se hâtait d'ajouter : « Il n'y a que les imbéciles qui ne varient jamais. » Son intelligence, en perpétuelle ébullition, lui présentait, en effet, successivement les arguments militant pour une thèse et les objections qui l'infirmaient. Il n'était pas de ceux qui tiennent à leurs idées en raison de la peine qu'ils ont eue pour les acquérir. Laissez-moi, à ce propos, vous raconter une petite histoire, aussi authentique qu'amusante.

On discutait au Reichstag la loi sur l'examen des viandes de boucherie (***Fleischbeschau***). Je me trouvais à Berlin avec Hauss et nous avions décidé, qu'au nom de notre petit groupe, nous soutiendrions le projet de loi. Hauss devait prendre la parole. Or, vers 10 heures du matin, Delsor vint nous rejoindre. Il avait passé la nuit en chemin de fer et avait lu et médité un article de Le Play sur la nécessité de fournir au peuple une alimentation bon marché, parce que tout renchérissement du pain et de la viande avait sur les salaires et par conséquent sur la cherté de la vie en général les plus graves répercussions. Notre collègue essaya de nous convaincre d'une théorie qui l'avait séduit. Nous lui fîmes remarquer que nous représentions surtout des populations agricoles et que nos paysans ne nous pardonneraient pas de les livrer à la concurrence désastreuse des viandes américaines, d'ailleurs très suspectes. La discussion prit une telle animation que nous fûmes obligés, pour ne pas déranger nos collègues, d'aller la continuer au Thiergarten. Delsor s'obstinait. Il fut enfin convenu qu'il parlerait en son nom personnel et que Hauss exprimerait ensuite l'opinion du groupe alsacien-lorrain. Dès l'ouverture de la séance plénière du Reichstag, Delsor se plaça au bas de la tribune et il écouta, avec l'attention la plus soutenue, les orateurs qui s'y succédaient. Tous ceux qui l'ont connu savent que, dans ces circonstances, les traits du député d'Erstein-Molsheim se contractaient d'une façon douloureuse sous l'assaut d'idées nouvelles. Quand le Président de l'assemblée prononça les paroles fatidiques: « *Das Wort hat der Abg. Delsor* », nous nous retirâmes, Hauss et moi, au fond de la salle. Or, notre brave ami prononça le discours le plus solidement protectionniste de la séance. Nous nous étions rapprochés pour le soutenir de nos applaudissements et, quand l'orateur descendit de la tribune, Hauss ne put se retenir de l'embrasser. Opinion mal assise, me direz-vous. Non! désir sincère de rechercher et de proclamer la vérité, fût-ce au prix des plus gros renoncements personnels.

Il était d'ailleurs des principes sur lesquels Delsor était intraitable. Excellent prêtre, il n'admettait pas qu'on ne conformât pas, partout et toujours, ses actes à la règle religieuse. Pour l'incrédule ou le dissident de bonne foi il avait des trésors d'indulgence; mais il bondissait sous l'injure faite à ses croyances et trouvait alors des paroles sévèrement vengeresses.

Toutes ses sympathies allaient encore naturellement à la France dont, dans ses jeunes années, il avait appris à aimer la glorieuse histoire, l'incomparable littérature, le goût très sûr, l'inépuisable générosité et même les aimables fantaisies. Dans l'Allemagne bismarckienne tout lui était odieux, la vulgarité des ambitions, la brutalité des procédés, la morgue, les rudesses de la discipline.

Delsor avait encore le respect de l'autorité ecclésiastique. Je n'en veux d'autre preuve que la lettre indignée qu'il m'adressa au lendemain du jour où, dans son journal, le *Volksbote*, avait paru un article critiquant, en termes acerbes, une nomination faite par Mgr Fritzen: « Je n'ai jamais été susceptible, disait-il. Si c'était là mon plus grand défaut, je serais encore dans l'innocence baptismale. Cependant il y a une limite à tout. On me fait couvrir de mon nom une marchandise, dont je ne veux rien savoir. Je vous dis en toute sincérité que je mépriserais l'Evêque du fond de mon âme s'il avait ainsi continué à se laisser morigéner dans l'exercice de ses fonctions et surtout dans cette forme. Je n'admets pas que la presse catholique intervienne de la façon brutale qui caractérisait l'article sur S. On croit ne plus pouvoir rosser le sac gouvernemental sans frapper le coursier épiscopal qui le porte. ... C'est un service à rendre à X. que de prendre tous les moyens pour lui inculquer la modération, qui n'enlève rien à la dignité et à l'indépendance. Il y a une espèce de vaillance qui ressemble au Don-Quichottisme. »

Les critiques qu'il se permettait ainsi vis-à-vis de ses collaborateurs, il les acceptait, avec une grande simplicité, quand elles l'atteignaient lui-même: « Si je vous envoie ce petit mot, m'écrivait-il, ce n'est évidemment pas pour me plaindre du blâme que vous m'avez adressé en tête de votre article « Tacticiens admirables ». Au contraire. D'abord il était mérité et, en outre, il est bon que le public ne voie pas chez nous une société d'admiration mutuelle. »

Delsor ne connut jamais les dégradants appels de la jalousie. Toutes les fois qu'un jeune talent s'affirmait, il s'en réjouissait sincèrement et ne négligeait rien pour le mettre en relief. Il applaudissait même sincèrement aux succès légitimes

Le Séminariste.

de ceux qui passaient pour ses adversaires. Sa franchise, qui ne reculait pas devant certaines violences d'expression, était immédiatement corrigée par cette urbanité souriante dont il se départissait rarement. Dans ses jugements sur les hommes, il lui arrivait d'être parfois un peu rude; mais, comme pris de scrupule, il cherchait ensuite de lui-même des excuses aux défaillances qu'il venait de relever.

Souvent, le soir, après dîner, je me promenais avec Delsor. De ces conversations, ponctuées d'abondantes et énergiques bourrades, j'ai gardé le plus vivant souvenir. Les aperçus les plus originaux, les images les plus inattendues, les coq-à-l'âne les plus surprenants, les plaisanteries les plus drôles, les emballements les plus tragiques se succédaient durant ces longs monologues. Quand je quittais mon interlocuteur, la tête un peu lourde, j'emportais la matière d'une douzaine d'articles. Cet homme était un volcan en perpétuelle éruption.

Dans son esprit, les idées se succédaient si rapidement qu'elles se bousculaient à la sortie. Je me souviendrai toujours de l'effarement de Delsor, quand il corrigea le sténogramme de son premier discours au Reichstag. Après avoir complètement modifié les premières pages, il laissa tomber sa plume d'un geste découragé et me dit: « Est-ce donc comme cela que je parle? » Les phrases étaient en effet longues, coupées d'innombrables incidentes, mais presque toutes inachevées. A écouter l'orateur ardent, qui jetait les pensées à pleines poignées, on ne s'apercevait pas de ces trous. Mais, en se relisant, Delsor était d'autant plus fâcheusement impressionné que, la plume à la main, il devenait le plus méticuleux des puristes et ne se pardonnait pas la plus légère incorrection. Ancien professeur de littérature, il avait gardé le culte de la grammaire et discutait longuement sur les règles les plus compliquées de la syntaxe. Ses collaborateurs redoutaient à bon droit les critiques qu'il ne leur ménageait pas.

Peu de ses contemporains les plus illustres écrivirent en un français plus pur et plus élégant. Ajoutez à cette limpidité de la langue l'abondance des aperçus nouveaux, la richesse des images, la solidité du raisonnement, la vigueur du style. Tout y était. Quel dommage que tant de talent ait été dépensé en ces œuvres d'un jour que sont les articles de journaux et de revues. Ceux qui ont vu travailler Delsor savent d'ailleurs combien ces pages étincelantes lui coûtaient peu d'efforts. Il attendait presque toujours la dernière minute pour envoyer sa « copie » à l'imprimeur. Souvent c'était sur le coin de table d'un restaurant ou, en chemin de fer, sur ses genoux, qu'il écrivait ses nerveuses Revues du mois ou ses délicieuses « Causeries de la Taverne », tout en prenant part à la conversation de ses voisins.

Vous m'excuserez, mon cher ami, d'avoir, devant la tombe de celui pour lequel nous avions une égale affection, exprimé un jugement qui pourra vous paraître insuffisamment élogieux. Si Delsor pouvait encore parler, il m'approuverait; car rien ne l'exaspérait davantage que les panégyriques où l'ombre n'était pas opposée à la lumière et que les biographies dont les héros n'avaient connu aucune faiblesse. Dans sa vie mouvementée, la part de l'intelligence et de la vertu fut assez dominante pour qu'en signalant quelques imperfections involontaires, on ne porte aucune atteinte à cette grande figure d'honnête homme, d'excellent prêtre et de vaillant patriote.

Et puis, vous le savez aussi bien que moi, jamais nous n'avons trouvé d'amitié plus fidèle, plus dévouée et plus agissante que la sienne. Sa rude enveloppe recouvrait un cœur d'une sensibilité presque maladive. C'est de savoir que ce cœur a cessé de battre que je me désespère, tout en étant certain que le Dieu d'amour a su récompenser, comme il le méritait, l'infatigable défenseur de l'Eglise et de la Patrie.

E. WETTERLÉ.

L'ABBÉ DELSOR AU LANDTAG D'ALSACE-LORRAINE.

Lorsque l'abbé Delsor fut élu à la Deuxième Chambre du Parlement d'Alsace-Lorraine, il avait près de soixante-quatre ans. Malgré son âge, il était toujours encore porté à la lutte, et il s'était acquis au Reichstag, dont il faisait partie depuis 1898, une riche expérience parlementaire. Il avait combattu à côté des Preiss, des Wetterlé, la constitution bâtarde de 1911, qui avait été octroyée à l'Alsace-Lorraine par le gouvernement avec la complicité des partis du centre et des gauches, nos socialistes y compris, qui étaient à ce moment-là les auxiliaires précieux et dévoués de l'impérialisme germanique. Quantum mutatus. . . .

L'abbé Delsor était donc tout désigné pour faire partie en premier lieu de la nouvelle représentation parlementaire locale, dont dépendait en grande partie l'évolution du pays. Curé de Marlenheim, il choisissait comme circonscription électorale celle qu'il habitait (Molsheim-Wasselonne), et il fut élu par 3469 voix contre un instituteur radical, soutenu par le gouvernement allemand, et un socialiste du même acabit, qui ensemble arrivèrent à 3128 voix. Fait curieux à souligner à propos de cette élection et qui prouve l'attachement que vouait à Monsieur Delsor notre population, partout où il avait passé: à Nordheim, son ancienne paroisse (1888—1901), il obtenait sur 151 votants 142 voix, et à Marlenheim, où il exerçait depuis 1901, sur 301 votants 260 voix!

Monsieur Delsor s'était fait élire sur le programme du Centre alsacien-lorrain, en faisant ressortir la nécessité du maintien et du développement du particularisme alsacien vis-à-vis du germanisme envahisseur et fou d'orgueil. Il ne s'était pas fait inscrire au parti national alsacien qui venait d'être fondé, — non pas qu'il fût un adversaire du mouvement protestataire intransigeant qui renaissait, il était au contraire un ardent patriote français, — mais parce qu'il considérait comme nécessaires à l'essor et au jeu normal des institutions publiques, des partis ayant un programme politique, religieux, économique, social, nettement défini. L'idée nationale devait alors, selon lui, flotter comme un drapeau au-dessus de toutes les organisations alsaciennes et leur servir de point de ralliement. Il y aurait à ce sujet un curieux rapprochement à faire avec ce qui s'est passé dans les derniers temps chez nous en Alsace....

A la Deuxième Chambre, Monsieur Delsor s'était de suite choisi sa place parmi la petite troupe franchement antiallemande, les Wetterlé, les Gilliot, les Knœpffler, les Kübler, et les gouvernementaux et les « combinards » du parti, auquel il appartenait officiellement, n'avaient pas de plus rude adversaire que ce vieux lutteur mordant et intrépide. Mettant la «vérité» au-dessus de l'«unité», aimant les situations nettes et claires, il ne cessait de combattre les compromis et les capitulations qui étaient la monnaie courante de certains chefs de la politique centriste. Il ne prononça pas souvent de discours, mais par un de ces fameux coups de boutoir qui lui étaient habituels, il désarçonna subitement les plus malins et les plus huppés.

Les discussions au sein des commissions se prêtaient beaucoup mieux à son genre, que les parades oratoires du plénum. Son expérience, sa culture, sa clairvoyance et son bon sens lui permirent d'y jouer un premier rôle, et plus d'un château d'Espagne construit dans les nuées, et plus d'une transaction péniblement élaborée par les diplomates astucieux du parti, s'écroulèrent sous les coups de l'impitoyable critique de l'honnête homme du peuple qu'il était resté.

Monsieur Delsor concentra ses efforts sur quelques positions qui l'intéressaient particulièrement: la liberté de l'Eglise, de ses institutions et de ses congrégations, l'indépendance du clergé, la nécessité de l'enseignement chrétien, le refoulement des pouvoirs de l'Etat dans ses limites naturelles étaient des sujets dignes de son éloquence passionnée.

Un des épisodes les plus importants dans les délibérations du Landtag d'Alsace-Lorraine d'avant-guerre fut la discussion des projets de loi concernant le reclassement et la réforme des traitements de nos fonctionnaires. Le gouvernement avait déposé trois projets de loi séparés: un, pour les fonctionnaires de tous grades; un, pour le personnel de l'enseignement, et un autre concernant les ministres des cultes. Après avoir pris la parole, Monsieur Delsor avait démontré dans un discours solidement étayé, d'abord que les ecclésiastiques catholiques n'étaient pas des fonctionnaires, mais qu'ils avaient néanmoins le droït de demander à être convenablement payés par l'Etat parce que celui-ci leur devait une indemnité équivalente à la valeur des biens de l'Eglise, dont il s'était emparé, et dont l'importance n'a pas encore été déterminée d'une façon incontestable, — et il luttait pied à pied avec ses amis pour l'augmentation des traitements insuffisants du clergé. Celui qui a été payé de tant d'ingratitude à la fin de sa vie a le droit qu'on rappelle ces souvenirs, et qu'on prouve que, si les traitements ecclésiastiques n'ont pas été relevés en 1913, ce n'est en aucune façon, Monsieur Delsor qui en a été responsable. Ce sont d'autres hommes qui, depuis, dans un but trop voyant, ont été célébrés comme les défenseurs désintéressés des droits de l'Eglise et des intérêts de la population catholique alsacienne, mais qui avaient sacrifié alors les intérêts du clergé et de l'Eglise à d'autres intérêts très visibles!

Le leader de la fraction du Centre alsacien-lorrain d'alors avait en effet déclaré solennellement dans la séance du 1er avril 1913 que l'englobement des ministres des trois cultes dans le projet de loi concernant les traitements des fonctionnaires était une condition sine qua non de l'acceptation du projet de loi, de la part de la fraction du Centre. C'était la bonne méthode, mais elle fut malheureusement bientôt délaissée par certains dirigeants! Les discussions furent longues et dures, et les députés de l'entourage de M. Delsor ne consentaient à aucun prix au vote de l'augmentation du traitement des fonctionnaires supérieurs, si celle du traitement des ministres des cultes n'était pas déclarée solidaire de l'autre. Les manœuvriers de la fraction n'étaient vraiment pas à leur aise, parce que le gouvernement leur poussait continuellement l'épée dans les reins pour les amener à faire passer, coûte que coûte, le projet de loi concernant uniquement l'augmentation des traitements des fonctionnaires. Je me rappellerai toujours, à ce sujet, la séance pathétique où le docteur Ricklin, alors le maître presque tout-puissant de la fraction, jongla tellement avec les paroles d'honneur et des promesses — qui ne devaient pas être tenues ! — que la majorité du Centre se laissa duper et accepta les propositions que le gouvernement lui avait fait transmettre.

On sait le reste — mais il est bon de le répéter aujourd'hui pour ceux qui l'ont oublié, et ils sont nombreux : le projet de loi concernant les fonctionnaires passa, mais le clergé fut *roulé* et n'obtint que de vagues promesses ! Roulé par qui ? Non par M. Delsor et ses amis, qui ne votèrent pas le projet de loi et ne tombèrent pas dans le guet-apens qu'on leur avait posé, mais roulé par le Dr Ricklin, dont la sympathie agissante s'était efforcée surtout de favoriser les fonctionnaires supérieurs, et notamment ceux du grade le plus élevé.

Vint la guerre, où M. Delsor eut souvent encore l'occasion de lutter contre les manières dictatoriales et les directives désastreuses de l'homme qui courut délibérément à sa perte.

Indigné des rodomontades patriotiques du président Ricklin qui, malgré l'avis opposé de la majorité de ses collègues, ne renonçait pas à se laisser aller aux effusions proallemandes impardonnables qu'on connaît, et humilié par la faiblesse et l'obséquiosité de certains autres dirigeants de la fraction du Centre alsacien-lorrain, M. Delsor en sortit pendant la guerre, en compagnie du valeureux patriote qu'était l'ancien maire de Saverne, M. Knœpffler, qui nous a été malheureusement ravi par une mort prématurée. Cette démission courageuse fut le dernier acte public de M. Delsor sous le régime allemand, et il ne passa pas inaperçu. Son geste imprévu le classait définitivement là où il devait se trouver par son éducation et ses convictions: dans le rang des patriotes alsaciens qui attendaient avec impatience le retour de la mère-patrie dans les plis du drapeau tricolore victorieux.

L'histoire jugera impartialement le rôle joué par tous les acteurs de la scène publique et de son creuset la figure de notre cher et toujours vénéré ami Delsor sortira purifiée et grandie.

Dr PFLEGER,
Député du Haut-Rhin.

M. DELSOR ET LE CONSEIL NATIONAL.

Le 2 novembre 1918 j'avais eu, à Francfort-sur-le-Mein, un long entretien avec le Dr Pfleger que les Allemands avaient éloigné de l'Alsace en l'envoyant à Ludenscheid (Westphalie), en décembre 1914. Notre entretien s'était poursuivi le lendemain qui était un dimanche. Les événements se précipitaient sur les différents fronts. Le Dr Pfleger s'était arrêté à Francfort-sur-le-Mein, où nous étions plus de 200 Alsaciens et Lorrains expulsés, avant de se rendre à Strasbourg où il devait retrouver nombre de membres du Landtag. Avant de nous quitter, en gare de Francfort-sur-le-Mein, nous avions examiné la carte et étudié la situation, aussi attentivement que le permettaient nos moyens d'information, d'ailleurs assez rudimentaires. Et nous étions arrivés à cette conclusion : « Les Français entreront à Strasbourg au plus tard le 17 novembre ». C'est sur cette assurance réciproque que le Dr Pfleger était monté dans le train de Mannheim—Strasbourg. Huit jours plus tard, le 11 novembre, sur le coup de 9 heures du soir je débarquai du même train sur le quai de la gare de Strasbourg, en compagnie d'autres proscrits alsaciens.

Le lendemain — c'était un mardi — le journaliste se réveilla en moi, après un assoupissement bien involontaire qui avait duré plus de quatre ans. Et j'appris que les affaires, depuis trois jours, n'avaient pas trop mal marché. Le Dr Pfleger était devenu ministre. Voici ce qui s'était passé.

Le samedi, 9 novembre, certains bruits qui circulaient en Alsace sur un mouvement révolutionnaire en Allemagne, s'étaient précisés. Plusieurs membres du Landtag s'étaient réunis à « l'Hôtel de France », à Strasbourg, dans la chambre qu'occupait M. Labroise, président du Groupe lorrain indépendant, qui venait de rentrer, lui aussi, d'un séjour forcé en Allemagne. Assistèrent à cette réunion MM. Pfleger, Ricklin, Peirotes, Georges Wolf, Kiener. Après avoir examiné la situation, il fut convenu que le gouvernement Schwander—Hauss qui s'était formé à la mi-octobre, n'avait plus de raison d'être. Il convenait donc de devancer une convocation officielle du Landtag par ce gouvernement. A cet effet, il fut décidé que l'on convoquerait immédiatement, pour le 11 novembre, tous les membres du parlement susceptibles d'être atteints par un télégramme. En même temps, on décidait de transformer l'assemblée parlementaire en Conseil National ou « Nationalrat ».

Le lendemain le mouvement révolutionnaire gagnait Strasbourg. Un soviet se forma à l'Hôtel de ville. M. Jacques Peirotes fut désigné comme maire. Quelques Strasbourgeois s'emparèrent des services de police et destituèrent le président von Lautz. Le 11, dans la matinée, les députés qui avaient pu donner suite à la convocation télégraphique de M. Labroise se réunirent au Landtag. D'urgence on se transforma en Conseil National provisoire, et comme la situation était plus que trouble, on constitua un ministère, ou « Verwaltungsausschuss », afin d'assurer, dans la mesure du possible, un fonctionnement normal des services publics, notamment des P. T. T., des chemins de fer et du ravitaillement. En même temps, il fut décidé qu'une délégation irait trouver M. Schwander pour l'aviser que son règne avait pris fin et qu'une lettre serait adressée à M. Hauss pour le prévenir que son Secrétariat d'Etat était supprimé. Le nouveau ministère comprenait : MM. Burger (Justice et Cultes), Heinrich (Agriculture), Imbs (Prévoyance sociale), Jung (Finances), Laurent Meyer (Travaux Publics), Dr Pfleger (Intérieur et Instruction publique). Ministres sans portefeuille : MM. Hœn et Peirotes, ce dernier avec la Présidence.

Telle était la formation définitive du ministère qui reçut sa sanction au cours de la première séance plénière du Conseil National, le 12 novembre, après que l'assemblée eut, aux applaudissements des tribunes, décidé de siéger en permanence.

Le lendemain, dans la matinée, les membres du Conseil National s'étaient retrouvés au Landtag. Des rumeurs inquiétantes circulaient. Le soviet qui siégeait maintenant dans la salle des assises, au Palais de Justice, voyait d'un mauvais œil le Conseil National. On parlait d'arrestations possibles. Dans les couloirs, dans les salles où se réunissaient les députés sans trop savoir pour quel objet, régnait une atmosphère de pénible incertitude. On se méfiait beaucoup des intrigues d'un Allemand, M. Bernhard Bœhle, qui prenait comme un malin plaisir à colporter les nouvelles les moins rassurantes.

Dans l'après-midi du 13, le Conseil National tint sa seconde séance plénière. En publiant le compte-rendu de la séance de la veille, les journaux avaient constaté l'absence de MM. Hauss et Didio. De fait, ces Messieurs n'avaient pas été invités par les hommes qui avaient pris l'initiative de convoquer le Conseil National pour le 11. Ils avaient de leur propre chef, exclu MM. Hauss et Didio pour la raison que tous deux faisaient alors partie du gouvernement qu'ils ne reconnaissaient plus eux-mêmes. Dans le gouvernement Schwander-Hauss, M. l'abbé Didio avait accepté le portefeuille des Cultes. Mais puisque ce gouvernement avait cessé d'exister par le fait qu'un nouveau ministère s'était constitué et avait été reconnu officiellement, le 12, par le Conseil National, MM. Hauss et Didio furent invités à la séance du 13, par les soins de M. le Dr Ricklin qui présidait les travaux de l'assemblée.

Le 13, M. Delsor avait déjeuné chez M. Seltz, aujourd'hui président de l'Union Populaire Républicaine Nationale d'Alsace. On avait parlé des affaires politiques et aussi de l'éviction de M. Hauss du pouvoir. M. Delsor déclara que le mieux serait que le Secrétaire d'Etat destitué se tût, mais que s'il s'avisait de prendre la parole, au Conseil National, il lui répondrait. Peu avant la séance, M. Hauss fut prévenu charitablement par M. Peirotes de ce qui l'attendait.

Cet avertissement n'empêcha pas M. Hauss de prendre la parole après que le président eut mis brièvement l'assemblée au courant d'une correspondance qui s'était engagée entre lui et le Secrétaire d'Etat destitué, précisément parce que celui-ci s'était étonné de n'avoir pas été convoqué en même temps que les autres membres du Conseil National. M. Hauss avait dit, à un moment donné, qu'il se félicitait de siéger et d'avoir voix au chapitre dans une assemblée aussi démocratique que le Conseil National.

— Oho ! s'était écrié M. Delsor, c'est vous qui dites cela !

— Monsieur Delsor, avait riposté M. Hauss, jamais je ne permettrai que vous me dépassiez en matière de démocratie et d'amour du peuple ».

— Je demande la parole ! s'écria M. Delsor.

Et alors ce fut entre ces deux hommes un dialogue passionné qu'on peut relire dans le compte-rendu officiel des débats du Conseil National. M. Delsor s'était appliqué à exposer les raisons qui faisaient que M. Hauss n'était pas qualifié pour devenir Secrétaire d'Etat d'Alsace-Lorraine.

M. Hauss ne reparut plus aux séances du Conseil National. Par contre on pouvait remarquer la présence, aux débats de l'assemblée, de deux membres du soviet local. C'était avant la lettre, les deux yeux de Moscou et de Berlin, qui surveillaient les travaux du Conseil. Il est vrai que l'assemblée se faisait représenter par deux députés aux séances du Soviet. De cette façon, on avait créé l'impression très factice d'une « bonne » collaboration. On se surveillait mutuellement !

Le soviet de Strasbourg reçut la visite, le 20 novembre, de deux inspecteurs de la police française aux armées, délégués par le quartier général du général Gouraud. Ils firent savoir aux membres du soviet que les autorités militaires françaises ne les reconnaissaient pas et qu'elles se refusaient à traiter avec eux. Une des premières choses que fit le général, le 22 novembre, jour de son entrée à Strasbourg, consista en l'occupation du palais de justice : tout le soviet s'était égaillé à temps.

Après l'entrée des soldats français, le Conseil National se réunit une fois encore en séance publique. C'était le 5 décembre. Plusieurs députés exprimèrent le vœu que M. Delsor, doyen d'âge, prît la présidence qui avait été assumée jus-

Le Professeur au Petit-Séminaire avec son collègue A. Adam.

qu'à ce jour par M. le Dr Ricklin M. Delsor ne pouvait guère faire autrement que d'accepter. Il accepta. Et c'est à lui que revint l'honneur de faire publiquement une déclaration solennelle, où il était dit : « Nos provinces seront fières de devoir à la mère-patrie retrouvée avec la sauvegarde de leurs traditions, de leurs croyances et de leurs intérêts économiques qui lui a été solennellement garantie par les chefs de l'armée victorieuse, une nouvelle ère de liberté, de prospérité et de bonheur. L'Assemblée Nationale, préoccupée de ne laisser subsister ni en France, ni chez les neutres, ni chez l'ennemi, le moindre doute sur les sentiments véritables des Alsaciens et des Lorrains, constate que l'agitation neutraliste était l'œuvre d'une infime minorité ou d'agents allemands et déclare solennellement que, fidèle interprète de la volonté constante et irréductible de la population de l'Alsace et de la Lorraine, exprimée déjà en 1871 par ses représentants à l'Assemblée de Bordeaux, elle considère à jamais comme inviolable et imprescriptible le droit des Alsaciens et des Lorrains de rester membre de la famille française. L'Assemblée Nationale estime comme un devoir, avant de s'ajourner, de proclamer à son tour : La rentrée de l'Alsace et de la Lorraine dans le droit, leur rattachement à la France indiscutable et définitif ».

Cette déclaration, lue par M. Delsor, avait été présentée par tous les groupes de la Chambre. Elle fut adoptée à l'unanimité. Dans le discours qu'il prononça ensuite, M. Delsor eut ce mot historique : « Le referendum n'a plus de raison d'être ; il est fait ».

Le 19 décembre 1918, nombre de membres du Conseil National se réunissaient de nouveau à Strasbourg. Quelques anciens députés au Reichstag s'étaient joints à eux. Après avoir bien spécifié qu'ils ne revendiquaient pas pour l'Alsace et la Lorraine « les privilèges d'un Etat autonome en dehors de l'unité française », ces Messieurs émirent un vœu qui fut transmis à M. Georges Clemenceau sous forme d'adresse. Les lecteurs de la « Revue Catholique d'Alsace » connaissent ce document. Il a paru dans le numéro de mars 1919.

Le Conseil National n'avait pas été dissous par lui-même ou par les autorités. Certes, un décret du 26 novembre avait institué un Conseil supérieur d'Alsace-Lorraine. Mais cet organisme ne se réunit que le 3 juin 1919 à Strasbourg ! ! Entre temps les affaires marchaient si mal qu'on en était arrivé à réclamer un... dictateur. Les hommes du Conseil National avaient, sans jeu de mot, pensé très sincèrement qu'ils pourraient être de bon conseil. On ne tint pas compte de leurs offres de service. De subtils juristes, sans oublier les administrateurs improvisés, tous impatients de s'installer, avaient pensé tout bonnement que le Conseil National menait une existence, disons illégale. Avant la visite des quatre présidents, nous avions eu un entretien avec le Dr Bucher. Notre intention était d'organiser une réception solennelle des présidents par le Conseil National dans le palais même du Landtag. Cette suggestion ne fut pas retenue par le Haut-Commissariat, car le suffrage universel alsacien-lorrain d'avant 1914 ne comptait plus !

D'ailleurs, le jour où le Conseil National s'était réuni pour proclamer le retour définitif de l'Alsace et de la Lorraine à la France, c'est-à-dire le 5 décembre, aucun membre du Haut-Commissariat ne s'était dérangé pour assister à la séance. Dans l'ancienne loge, dite impériale et réservée aux statthalter, se tenait un publiciste parisien : M. Emile Hinzelin. Et cependant la séance fut profondément émouvante. Elle valait bien un dérangement !

Paul BOURSON.

---

†

LE CHANOINE DELSOR, SÉNATEUR.

Le 21 décembre 1927, dès l'ouverture de la séance du Sénat, Monsieur *Victor Bérard*, ancien Ministre, Sénateur du Jura et *Président de la Commission de l'Enseignement*, prononçait les paroles suivantes :

« *Messieurs*,

« *Les journaux de ce matin nous ont annoncé le* « *décès de celui qui, trop peu de temps hélas ! avait* « *été notre collègue, M. le Chanoine Delsor.*

« *Le souvenir de ce vaillant et fidèle Français res-* « *tera dans la mémoire de tous ceux qui l'ont connu,* « *et l'histoire de la Patrie restaurée enregistrera son* « *rôle durant le grand demi-siècle où l'Alsace nous* « *fut arrachée.*

« *Ici, au Sénat, on peut dire qu'ayant d'avance le* « *respect, il avait conquis toutes les sympathies et* « *que son amitié était une récompense ambitionnée* « *de tous.*

« *Mais à la Commission de l'Enseignement, nous* « *avions pu mieux connaître encore la droiture et la* « *correction de cet éminent collègue. Notre Commis-* « *sion invite le Sénat à adresser à l'Alsace ses plus* « *vives condoléances.* »

Ces paroles furent écoutées dans un silence religieux et chaleureusement applaudies sur tous les bancs, sans distinction de parti.

Ensuite le *Président Poincaré* s'exprima en ces termes :

« *Messieurs*,

« *Le Gouvernement s'associe du fond du cœur à « l'hommage si mérité qui vient d'être rendu à notre « regretté collègue par la Commission de l'Enseigne- « ment.* »

Enfin le Président du Sénat, M. Doumer prit part aux regrets et à l'éloge formulés par les deux orateurs précédents.

Voilà qui, d'emblée, nous montre la place qu'occupait au Sénat l'homme éminent que nous pleurons. Il est rare dans les annales de la Haute Assemblée de voir louer ainsi publiquement, lors de son décès, quelqu'un ne faisant plus partie de la dite Assemblée, et le fait que je viens de citer est, je crois, presque sans précédent.

Il faut avouer que la personnalité du Chanoine Delsor méritait à tous les titres cet honneur, et, en écoutant notre collègue Victor Bérard nous dire que « l'amitié de Delsor était une récompense ambitionnée de tous », nous songions avec amertume à ceux qui, il y a un an à peine, sacrifiaient sur l'autel de leurs passions cet homme vaillant, prêtre et patriote modèle, au cœur demeuré si chaud, au talent si vigoureux, qui était un véritable drapeau et aurait dû mourir Sénateur du Bas-Rhin.

Je me rappelle encore combien, à la salle des Fêtes, lors du retour du Cœur de Mgr Freppel, il nous étonna par une puissance oratoire, que l'âge ne l'empêcha pas de déployer.

Dès son entrée à la Haute Assemblée, en Janvier 1920, Delsor conquit une place de premier plan. Tous avaient senti qu'un grand caractère, d'une originalité intéressante et d'une trempe toute particulière, siégeait au milieu d'eux, et tout de suite le Sénat voyait incarné en lui le meilleur de la tradition alsacienne.

Ceci nous explique comment des hommes parfois très opposés à lui dans leurs conceptions politiques et philosophiques, subissaient son ascendant, et comment, de ce fait, il a pu, par son rayonnement personnel, rendre à la cause catholique et alsacienne des services éminents.

Puisque nous parlons du rôle de Delsor au Sénat, il nous paraît utile de détruire ici une légende odieuse et fausse qui circulait dans les rangs des catholiques d'Alsace et avait été lancée par ceux qui voulaient hériter, de son vivant, de son siège sénatorial.

On disait volontiers, dans certains milieux, que Delsor ne jouait aucun rôle au Sénat et que les intérêts de l'Alsace catholique demandaient un défenseur plus bavard.

C'est confondre une fois de plus la parole avec l'action. Si certains verbeux de la Chambre, qui interviennent à tort et à travers à propos de tout, et n'obtiennent le plus souvent que les sourires ou la pitié de leur auditoire, sont plus goûtés par nos politiciens de réunions publiques, il faut les plaindre, mais se garder de les croire.

Avec beaucoup de finesse, de ténacité, de courtoisie, par son action personnelle profonde, Delsor a pu prendre au Sénat une véritable influence. Si, à la Commission de l'Enseignement, spécialement, il a su éclairer des esprits très différents du sien et leur démontrer, dans ces causeries où il excellait, les bienfaits de nos institutions scolaires ; s'il a pu éviter que, de la Commission sénatoriale de l'Enseignement, partît une offensive contre notre école confessionnelle, surtout en Juin 1926, alors que le Cartel régnait en maître, n'est-ce point la preuve qu'il défendait ardemment et efficacement les intérêts de l'Alsace catholique ? Aussi doit-elle s'incliner respectueusement et avec reconnaissance devant la tombe de ce grand serviteur de toutes les causes sacrées, et lui rendre, un peu tard, hélas ! la justice qui lui est due.

N'ayant pas eu le bonheur de vivre aux côtés de Delsor pendant qu'il occupait son fauteuil sénatorial, je n'ai pu que recueillir de mes collègues les traces de son passage au Luxembourg : mais ces traces sont si profondes qu'elles ont laissé derrière elles un sillon ineffaçable.

On se plaisait dernièrement à évoquer devant moi la rencontre de notre cher et vénéré ami avec Combes, ce

Combes qui n'avait pas redouté de commettre une infamie de plus en faisant expulser de Lunéville, en 1904. ce grand serviteur de la France en Alsace. La gêne du malheureux sectaire fut grande pendant longtemps.... Il s'enfuyait devant sa victime devenue son collègue et entourée des marques de respect et d'affection de tous.

Un homme éminent qui a présidé le Conseil Municipal de Paris, après 1920, César Caire, me disait un jour où nous avions été reçus à l'Hôtel de Ville, qu'il considérait Delsor comme le prototype à la fois du prêtre parfait et de l'Alsacien sans défauts. Ces deux hommes, dignes l'un de l'autre par l'esprit et par le cœur, ne s'étaient jamais rencontrés. Je les présentai l'un à l'autre : de suite ils sympathisèrent. Le jugement de César Caire doit être la conclusion de ces quelques lignes consacrées au Sénateur Delsor.

Quand la cause catholique était à défendre, on vit Delsor, alors jeune et ardent, se dresser immédiatement, et au prix des pires sacrifices, combattre le bon combat. Cette lutte a duré près de quarante années durant lesquelles il n'a jamais cessé un instant d'être sur la brèche, et par la plume, par la parole, dans les assemblées délibérantes comme dans les réunions publiques, sans trêve ni merci, avec une vaillance et une ténacité que rien n'a lassées.

En Novembre 1918, les désirs de Delsor étaient devenus des réalités. Profondément et intégralement français, il avait ressenti une joie profonde du retour de l'Alsace à la Patrie ; il n'en pouvait parler sans émotion. —

Ne trouvons-nous pas dans cette belle vie les signes distinctifs du prêtre et de l'Alsacien ? amour de l'Eglise et de la petite Patrie indissolublement unie à la grande.

Voilà les causes qu'il a si bien défendues au Sénat, comme durant toute son existence.

Le Dieu de Justice et de Bonté l'en récompense aujourd'hui. *Magna quies in magna spe.*

COMTE DE LEUSSE.
Sénateur du Bas-Rhin.

III.

LE PATRIOTE:

L'ABBÉ DELSOR ET L'ARMÉE FRANÇAISE.

Delsor! Ce nom avait au delà des Vosges le retentissement d'un coup de clairon qui sonnait le ralliement de tous les Alsaciens demeurés fidèles à la Mère-Patrie. Il avait la sonorité de l'Auvergne natale, d'ou était originaire sa famille, et se répercutait du mont Sainte-Odile au Puy-de-Dôme, que Maurice Barrès qualifiait les deux pôles d'attraction de la pensée française, du pays de Pascal aux bords du Rhin, du cœur de la Gaule, fière de Vercingétorix, aux confins de la Germanie, sur le fleuve qui servait de fossé à l'Alsace, rempart de la civilisation latine. — Il incarnait la résistance obstinée du clergé alsacien à l'empire allemand et l'attachement à la France, fille aînée de l'Eglise, qu'avaient illustré les noms populaires des Winterer, des Guerber, des Simonis, des Cetty, des Kannengiesser, des Wetterlé, ses prédécesseurs ou ses émules, compagnons de lutte du Chanoine Delsor. Son souvenir était resté vivant en France et l'armée l'honorait comme un des précurseurs de ces prêtres-soldats qui pendant la longue tourmente de la guerre de libération devaient contribuer si puissamment à maintenir le moral des combattants. Il avait été ordonné prêtre à la fin de juillet 1870, alors que la déclaration de guerre de la France à la Prusse, — sournoisement provoquée par celle-ci, — attirait sur notre malheureux pays un orage foudroyant. Il était attaché, à cette époque, comme professeur au Collège épiscopal, transformé dès le début du mois d'août en hôpital auxiliaire, et il se mit aussitôt au service des blessés, qui refluaient des champs de bataille de Wissembourg et de Frœschwiller sur Strasbourg, comme ambulancier volontaire, et il continua à remplir ce rôle charitable lorsqu'il devint périlleux pendant la durée du siège de la ville. Il se multiplia pour soulager les souffrances de la population et pour raffermir les courages que les horreurs du bombardement risquaient d'ébranler. — Le seul jour où son cœur connut la désolation fut celui de la capitulation. Il ne put guère se résigner à la domination étrangère. Après la suppression du Petit Séminaire de Strasbourg, en 1874, il chercha un refuge à Nantes. Il y resta trois années dans une noble famille où l'éducation de jeunes hommes, qui devaient lui faire honneur, lui fut confiée. Lorsqu'il revint au pays natal pour continuer sa carrière ecclésiastique dans le diocèse auquel il n'avait pas cessé d'appartenir, il conserva des relations suivies avec des familles alsaciennes émigrées à l'intérieur de la France et qui étaient heureuses de lui confier leurs enfants pendant les vacances. Il contribua ainsi au succès de plus d'une vocation militaire, en perfectionnant l'instruction de candidats à Saint-Cyr et en leur faisant apprendre l'allemand qu'il possédait aussi bien que le latin et le français. — Mais ce n'était pas seulement par ses élèves qu'il demeurait en contact avec l'armée. Un de ses cousins, nommé Wurtz, s'était engagé dans la cavalerie où il devint officier, acquit le grade de capitaine et, après sa retraite, il se retira à Marlenheim, où l'abbé Delsor était devenu curé, et y vécut au presbytère jusqu'à sa mort. Il fut inhumé à Marlenheim, en terre d'Alsace. Son portrait à l'huile, en uniforme, qui n'était peut-être pas un chef-d'œuvre de l'art, était placé dans le cabinet de travail de l'abbé Delsor, en face de son bureau, et y demeura jusqu'à la fin de sa vie, mettant constamment sous ses yeux celui de ses proches dont la vocation lui paraissait la plus belle après la sienne. — Dès que fut instituée la médaille commémorative de 1870 — au ruban vert et noir, couleurs de deuil et d'espérance — l'abbé Delsor fit les démarches nécessaires pour en devenir titulaire et il se montrait plus fier de cette distinction que de toutes celles qui lui furent décernées plus tard. Mais son patriotisme avait été soumis entre temps à une épreuve qui en fit ressortir la qualité rare. Sous un gouvernement néfaste, il fut expulsé de France où il était venu faire une conférence dont le sujet supposé déplaisait aux maîtres du jour. Ce fut une des ignominies d'un régime qu'un de nos hommes d'Etat qualifia d'abject et dont l'armée eut tant à souffrir, car il risquait d'introduire dans ses rangs, qui ont avant tout besoin de cohésion, le pire des fléaux, la désunion et la suspicion. Delsor, dans cette circonstance douloureuse, se montra à la hauteur de ce qu'on pouvait attendre du patriotisme des soldats qui subissaient, eux aussi, l'injustice sans murmure; il ne songea pas un seul instant à rendre la France responsable d'un acte de goujaterie et attendit avec confiance et sérénité l'heure de la revanche. Celle-ci fut éclatante et soulignée par une ironie du sort qui lui fit attribuer au Sénat français le siège voisin de celui de son persécuteur, auquel il avait pardonné avec une charité chrétienne et sur lequel je ne l'ai jamais entendu dire un mot désobligeant. Toutes les amertumes du passé étaient emportées par la joie du retour à la France, qu'il n'avait garde de confondre avec des gouvernements éphémères et parfois indignes d'elle.

Aussitôt après l'armistice, il était revenu à Strasbourg et, descendu chez un ami sûr, il guettait l'arrivée des troupes françaises.

Dès le 21 novembre, il s'était porté du côté de la porte de Schirmeck pour étreindre les mains des premiers soldats de l'avant-garde commandée par le Général Desvoyes.

Le 22, le jour de gloire était arrivé. Dès les premières heures de la matinée, après avoir dit sa messe à Saint-Pierre-le-Vieux, la paroisse où il avait été baptisé, où il avait célébré sa première messe et où il devait, en 1920, fêter ses noces d'or, — Delsor, bras dessus bras dessous avec un fidèle compagnon, ecclésiastique comme lui, le rabat, à la française, au vent, le chapeau enfoncé jusqu'aux oreilles — comme celui des Gardes françaises pour la charge — le parapluie serré sous le bras gauche comme une épée, la tête projetée en avant, parcourait de ce pas allongé et rapide, qui lui donnait une allure caractéristique, les rues pavoisées jusqu'au faîte des maisons de son vieux Strasbourg tricolore qui sortait comme par enchantement de près d'un demi-siècle de léthargie. Il était repassé par cette rue du Jeu-des-Enfants où il était né dans la maison portant le numéro 11, où son père, comme tout bon Auvergnat, était marchand d'antiquités — il avait gagné la place Stœber où il avait rencontré un peloton de hussards chargé du service d'ordre — et il avait serré la main des cavaliers rayonnants, mais dont le barrage était infranchissable; — il s'était dirigé vers la place de l'Homme-de-Fer, souriant sous son casque à la visière relevée; — nouveau peloton de hussards, mêmes effusions et mêmes difficultés de passage, mais la consigne n'était pas inexorable comme du temps des Allemands, — on se sentait en famille, et devant les deux soutanes, que découvraient les manteaux flottants au vent, les rangs s'étaient ouverts, la chaussée vide avait été traversée, au milieu de laquelle la silhouette populaire ayant été reconnue, un cri spontané, immense, s'était élevé de la foule: « Vive Delsor! » — répété par des milliers de bouches en délire, et le trajet s'était continué parmi les acclamations jusqu'à la place de la République où, devant le palais impérial, le couple s'était arrêté pour assister au défilé d'apothéose de nos troupes victorieuses, précédées par le glorieux mutilé dont le nom roulait comme un tonnerre au milieu des cris et des applaudissements: « Vive Gouraud! » — tandis qu'un autre, derrière lui, portant la culotte rouge et la vieil uniforme d'avant-guerre, faisait vibrer dans tous les cœurs les émotions de l'année terrible. Delsor à force de crier « Vive la France! Vive l'armée! » était devenu muet. — Mais de grosses larmes coulaient silencieusement le long de ses joues et il était remué jusqu'au fond de l'âme par le plus grand bonheur de sa vie. — Il ne rentra que fort tard dans la nuit chez son hôte, après une journée d'ivresse patriotique. Mais le drapeau français flottait de nouveau et à jamais au sommet de la flèche de la cathédrale de Strasbourg dont les voûtes allaient retentir des Te Deum de la victoire. Les jours suivants furent marqués par une série d'actions de grâces et Delsor fut désigné pour présider le Conseil National d'Alsace qui consacra le retour des provinces, ravies en 1870 à la France, sans conditions et renoua la chaîne des traditions interrompues pendant 48 ans, en se référant à la protestation des députés de l'Alsace et de la Lorraine devant l'Assemblée Nationale de Bordeaux, en mars 1871, et devant le Reichstag en 1874. L'Alsace était restée fidèle à son serment de demeurer toujours française de cœur. Bientôt la croix de la Légion d'honneur vint s'ajouter sur la poitrine de l'abbé Delsor à la Médaille commémorative de 1870, et le mandat de Sénateur du Bas-Rhin vint couronner une carrière politique qui avait débuté lorsque les électeurs des Cercles de Molsheim et d'Erstein avaient envoyé Delsor pour les représenter au Reichstag et défendre les intérêts de l'Alsace contre l'oppresseur, alors que cette tâche n'était pas sans périls, mais était sans profits et sans rétribution pécuniaire. Les appétits des concurrents ne devaient s'éveiller que plus tard, — lorsque la prébende devint grasse et alléchante. — Le Sénateur du Bas-Rhin demeura fidèle à ses sympathies et à ses préférences. Il honora de son amitié les chefs de l'armée française qui occupèrent à Strasbourg les situations militaires les plus élevées. Gouraud, Hirschauer, Humbert, de Pouydraguin furent heureux de le saluer dans toutes les prises d'armes auxquelles il ne manquait jamais d'assister. D'autres furent ses familiers, Fetter, Faës, moi-même, nous avons connu le charme de son accueil toujours bienveillant, et nous éprouvâmes la sûreté de son jugement, la fidélité de ses affections, la solidité de son patriotisme. — Il lui fut donné d'exprimer dans une occasion solennelle ses sentiments d'attachement pour l'armée. Lors de la fête religieuse du 6e Colonial, un des régiments de la garnison de Strasbourg en 1921, il prit la parole dans la chaire de la paroisse Saint-Maurice et il prononça un admirable discours. Il rappela l'angoisse des années de guerre où, séparés de leurs frères de France par deux lignes profondes de tranchées et plus encore par un barrage savant de nouvelles mensongères, les Alsaciens ne savaient rien des efforts, de la ténacité, des progrès de l'armée française. Il avait fallu l'aurore du 11 Novembre et le soleil éclatant du 22 novembre pour faire briller la vérité dans toute sa splendeur. — Il remercia du fond du cœur le Dieu, qui se plaît à se nommer le Dieu des Armées, d'avoir fait la loi aux Empires conjurés contre la France et d'avoir donné aux peuples, soulevés contre nous par l'appel aux plus mauvaises passions, de grandes et terribles leçons ; — c'est lui qui a ramené la victoire sous nos drapeaux, rendu les enfants perdus à leur mère-patrie, et permis d'arracher les crêpes qui couvraient nos cœurs d'un voile de tristesse. Mais il reste un devoir à accomplir pour honorer la mémoire de nos morts, tombés pour la délivrance de l'Alsace, et pour perpétuer leur souvenir, — c'est de continuer avec fidélité dans la paix l'œuvre à laquelle ils se sont sacrifiés dans la guerre, c'est-à-dire de contribuer, chacun à sa place, à l'honneur, à l'indépendance, à la prospérité, à l'unité de la patrie.

Pour accomplir les œuvres grandes et difficiles que la France attend de nous pour sa gloire et sa sécurité, nous avons à soutenir des luttes plus opiniâtres et non moins glorieuses que celles des tranchées et du champ de bataille. Ce qui nous rendra forts et capables de grandes œuvres, c'est la discipline intérieure de la conscience ; les plus belles victoires sont celles que nous remportons sur notre égoïsme, sur nos ambitions. En combattant ce bon combat, on sert Dieu et la patrie — qui étaient les deux seules passions du grand cœur de notre vénérable et inoubliable ami, le chanoine Delsor. — Il avait confiance dans la parole donnée à l'Alsace par l'Armée française, et il savait bien qu'il ne serait au pouvoir d'aucun gouvernement, quelles que fussent ses rodomontades, d'en détruire l'effet et la portée. La libération matérielle ne serait rien, — sans la sécurité morale. Delsor a été, comme les Dupont des Loges et les Freppel, le serviteur de Dieu, — le défenseur de la religion catholique, et l'apôtre du culte de la patrie française dont l'armée lui semblait être la plus haute expression.

Général REIBELL.

1874—1918.

L'abbé Delsor était un lutteur: le courage était son élément naturel. Il l'a prouvé tant de fois que la remarque en est devenue vaine. Cependant il fut une heure où, au début de sa carrière, il eut à fournir les premiers témoignages de son caractère encore ignoré — et c'est l'heure entre toutes dramatique du destin de l'Alsace. Doublement dramatique pour un prêtre qui avait à y prendre parti, puisqu'elle comportait, outre le cas de conscience national, un cas de conscience ecclésiastique.

C'était au lendemain des élections de 1874 qui confirmaient la protestation de Bordeaux d'une manière vraiment héroïque, puisque celle-ci n'avait rien obtenu. On se souvient: les élus au Reichstag faisant route pour Berlin s'étaient d'abord rencontrés à Francfort, dans le salon d'hôtel qu'occupait Mgr Ræss, et l'accord s'était fait là sur l'attitude à prendre au Parlement de Berlin. Teutsch, le 18 février, prononça son fameux discours et à l'accueil plein de ricanements qui répondit, les représentants de l'Alsace pensaient se retirer en bloc, quand l'évêque de Strasbourg, circonvenu par de hautes influences, fit cette déclaration aussi étrange qu'inattendue par laquelle il s'engageait et prétendait engager ses coreligionnaires à accepter comme fait accompli le traité de Francfort.

Le souvenir de l'indignation qui s'éleva contre Mgr Ræss est dans toutes les mémoires. On sait moins généralement que c'est l'abbé Delsor, alors professeur au Petit Séminaire de Strasbourg, qui transmit à Edouard Teutsch l'adresse du clergé local dont voici les termes:

« *M. le Député, le clergé de Strasbourg, en communauté d'idées avec les catholiques de toute la ville, tient à honneur de vous remercier du patriotique discours que vous avez pro-*

noncé au Parlement allemand. Il vous félicite d'avoir si bien exprimé ses sentiments et désavoue tout ce qui, dans le dessein d'atténuer vos paroles, a été dit de contraire à votre motion. — Strasbourg, le 21 février 1874. »

Cette lettre, qui portait une cinquantaine de signatures, fut transmise par l'abbé Delsor au député de Saverne, qui répondit le 25 février :

« *Nous n'avons jamais douté, mes collègues et moi, que les catholiques d'Alsace-Lorraine et en particulier le clergé si patriotique de votre ville, n'approuvassent la pensée qui a inspiré mon discours. Nous avons toujours cru que la défaillance de Mgr de Strasbourg lui était toute personnelle, mais nous ne vous sommes pas moins reconnaissants, dans l'intérêt de notre cause, d'avoir publiquement affirmé vos sympathies.* »

Cette lettre fut reproduite dans le *Temps* du 7 mars 1874, tandis que les feuilles locales d'Alsace publiaient les adhésions que Teutsch recevait des notables catholiques. On connaît la situation cruelle qui fut alors celle de Mgr Ræss, contre qui la population était soulevée au point que l'autorité militaire allemande dut mobiliser deux compagnies d'infanterie pour protéger des injures sa maison familiale de Sigolsheim. C'est un trait essentiel de la biographie de l'abbé Delsor qu'il se soit fait dès alors la voix de la fidélité, lui qui, quarante-quatre ans plus tard, le 5 décembre 1918, dans la salle où siégeait le Conseil National, devait proclamer : « Le plébiscite est superflu ! » (1)

PIERRE HEPP.

(1) Lorsqu'en 1920 plusieurs journaux, à la suite du « Progrès Civique », avaient affirmé qu'en 1916 l'abbé Delsor, député du Landtag, avait traduit et lu une motion du Centre alsacien-lorrain demandant le maintien du rattachement des provinces annexées à l'Allemagne, notre sénateur leur opposa le démenti le plus formel : « Je n'ai pas, plus en 1916 qu'en une autre année, ni adopté, ni lu la prétendue résolution signalée par le Progrès Civique. Cette résolution n'a jamais existé. »

IV.

LE PUBLICISTE:

M. DELSOR ET LA REVUE CATHOLIQUE D'ALSACE.

La capitale de l'Alsace revendique avec Mayence l'honneur d'avoir été le berceau de l'art noir; en tous cas Strasbourg était à la fin du XVe et au commencement du XVIe siècle un centre important de l'imprimerie (1). Il n'en devait pas être de même pour les origines et la valeur de la presse périodique dans notre bonne ville. C'est seulement en 1732 que Strasbourg eut ses « Wöchentliche Frage- und Anzeigennachrichten » et ses revues de la fin du XVIIIe siècle: Strassburgische Gelehrten- und Kunstnachrichten (1782—1785), — Magazin für Frauenzimmer (1782—1791) ne peuvent être comparées aux périodiques de Paris et de France ou des différents centres littéraires de l'Allemagne. La Révolution française devait bien favoriser l'éclosion d'une série de journaux à Strasbourg (2), mais la plupart de ces publications vécurent ce que vivent les roses, l'espace d'un matin. Le gouvernement de Louis-Philippe a vu éclore à Strasbourg la « Revue d'Alsace », en 1834. Le curé Haas de Westhofen lança, en 1840, la première revue catholique, le « Katholisches Kirchen- und Schulblatt für das Elsass » qui, comme le nom l'indique, publiait des articles sur des sujets religieux et pédagogiques. Après le décès prématuré du fondateur († 1845), l'abbé Fues, profes-

(1) Ch. Schmidt. Répertoire bibliographique strasbourgeois. — Strasbourg, 1892-94.

(2) Voir la liste dans le livre de F.-Ch. Heitz: Les Sociétés politiques de Strasbourg, p. VII.

seur au Grand Séminaire, continua la publication jusqu'en 1858. L'« Union alsacienne » n'eut qu'une existence éphémère (1859).

La « Revue catholique d'Alsace », dirigée par le Supérieur du Petit Séminaire, l'abbé P. Mury, la remplaça bientôt. Celle-ci, sans autre préambule, débuta par une étude sur « le Concordat autrichien » par Mgr Freppel, alors professeur à la Sorbonne à Paris. Les professeurs du Petit Séminaire collaboraient activement avec leur supérieur et rendaient par leurs contributions littéraires le nouveau périodique aussi varié qu'intéressant. On éprouve un vrai plaisir à parcourir les onze volumes de la première série (1861—1870) et à constater la richesse de leur contenu. A côté des professeurs : MM. Dacheux, Marbach, Metz, Straub, Simonis, Wernert, ce sont les Bockenmeyer, Bourquard, Ch. Martin, Söhnlin qui traitaient les questions de théologie et de philosophie, d'histoire et d'archéologie, de pédagogie et de belles-lettres qui préoccupaient alors les esprits. Les chroniques religieuses d'Alsace et d'Allemagne et les notices nécrologiques font de cette première Série de la Revue catholique d'Alsace une mine précieuse pour l'histoire ecclésiastique et littéraire de l'évêché de Strasbourg.

La « Revue catholique d'Alsace » était en pleine floraison, quand la guerre de 1870 vint briser le fil de son existence. Le seul numéro qui parut après la reddition de Strasbourg contenait la communication laconique de la rédaction : « Comme nous ignorons les conditions faites à la presse religieuse, nous suspendons notre publication pour tout le temps que le pays sera occupé par l'étranger ». M. Mury et ses collaborateurs ne pouvaient pas se douter alors que l'étranger occuperait le pays pendant un demi-siècle et que le Petit Séminaire de Strasbourg, victime du Kulturkampf de Bismarck, irait rejoindre dans la tombe le périodique pour lequel ils s'étaient tant dévoués (1874).

L'honneur de ressusciter la « Revue catholique d'Alsace », sous le régime allemand, devait revenir à un des plus jeunes professeurs de ce Petit Séminaire, l'abbé Delsor. On n'y avait pu songer sous le régime dictatorial de l'Oberpræsident Mœller, mais dès l'arrivée du maréchal de Manteuffel comme Statthalter d'Alsace et de Lorraine (1880), le grand organisateur de la presse catholique en Alsace, le député protestataire Simonis s'en occupait. L'abbé Delsor était alors curé de Wahlenheim où, à défaut de mieux, il s'exerçait à rédiger en latin la chronique paroissiale, en attendant qu'il put collaborer à l'« Union catholique d'Alsace-Lorraine », quotidien catholique, fondé à Strasbourg, en 1880. Le jeune curé avait toutes les qualités voulues pour répondre à l'appel de M. Simonis: une vaste culture générale, une formation littéraire solide, une plume féconde et rapide, un dévouement et une abnégation complète. L'annonce de la création d'une revue spéciale pour le clergé, le « Bulletin ecclésiastique » (1881), sous l'inspiration de Mgr Stumpf et sous la direction du chanoine P. Mury, ne put retarder la résurrection de la « Revue catholique d'Alsace ».

Le premier numéro parut au mois d'avril 1882. Dans l'article-programme, l'abbé Delsor expliqua son but et sa raison d'être: « La nouvelle Revue catholique d'Alsace paraît, afin qu'il y ait un soldat de plus dans la milice de la presse catholique et en particulier dans la presse catholique alsacienne... *Notre presse catholique ne compte qu'une feuille quotidienne et trois feuilles hebdomadaires.* Aucun de ses organes n'est à même de recevoir des travaux d'une certaine étendue... Notre Revue est destinée à combler cette lacune... La nouvelle Revue ne sera pas exclusivement, ni principalement politique. Néanmoins nous avons déposé le cautionnement exigé par la loi... La Revue, pour s'appeler catholique, ne sera pas une feuille théologique ou ecclésiastique. Histoire, Sciences, Education, Archéologie, Politique, Littérature, rien ne sera exclu de son cadre. Il y a dans le parti catholique une foule de talents qui ne demandent, pour éclore, qu'une place au soleil, elle leur sera offerte ici... La Revue sera alsacienne, elle accueillera avec bonheur les articles d'un intérêt général pour notre Province, elle servira de point de ralliement à tous ceux,

Le Publiciste

laïques ou prêtres, qui voudront consacrer leur plume à la défense et à l'honneur de notre Eglise d'Alsace. »

La Revue a été fidèle à ce programme si vaste et si attirant. M. Delsor a eu la chance de diriger pendant quarante années la Revue fondée par lui. Qu'on parcoure les quarante volumes parus jusqu'à son décès, on constatera qu'elle a été un centre littéraire de ralliement, qu'elle a permis à une série de talents d'éclore et qu'elle a publié une foule d'études sur des sujets d'histoire, de belles-lettres, de questions sociales et économiques, et même de philosophie et de théologie. On est surpris de trouver parmi les collaborateurs occasionnels Mgr Baudrillart, recteur de l'Institut catholique de Paris, M. Léon Daudet, un des chefs de l'Action française, M. Georges Blondel, professeur à l'Ecoles des Hautes Commerciales de Paris, M. Welschinger, membre de l'Académie des Sciences morales.

Si le directeur ne voulait point que la Revue devienne « une *feuille théologique* », les abonnés de la première heure se rappellent avec plaisir les études de M. Adam de Saverne sur « l'Egyptologie et les Livres Saints » (1882—1886). Plus près de nous, l'abbé A. Muller a traité de la « Sagesse dans le livre des Proverbes » (1911) et l'« Episcopat et le Presbytérat dans le Nouveau Testament » (1906). L'érudit historien d'Obernai, le chanoine Gyss, a publié des articles bien fouillés sur « la célébration de l'Eucharistie depuis l'origine du Christianisme » et le savant professeur de Lille, Aimé Witz, dans sa notice « Orietur stella » (1886), a expliqué l'apparition de l'étoile de Bethléem. L'aumônier de Niederbronn, l'abbé Edmond Braun, a examiné « la religion et la relativité du savoir » (1883) et MM. Garnier et J. Wagner se sont occupés des théories du transformisme et de l'évolutionisme. Nous ne citerons que pour mémoire les études de théologie historique d'A. Largent: L'Apologétique dans Saint Augustin (1914), et de J. Gapp: La théologie de Sainte Catherine de Sienne (1883-1884). Ce dernier traitait de préférence des sujets de pédagogie concernant la connexion de l'instruction et de l'éducation.

MM. Braun, Lejeal, de Renty, Morgenthaler, se chargeaient des *causeries littéraires*, pendant que Mme Braun-Laroche, J.-Ph. Riehl cultivaient la poésie. Mme Braun, inspirée et dirigée par Mgr Marbach, lui-même poète à ses heures de loisir, avait entrepris une traduction des hymnes liturgiques. Des maîtres comme M. Aimé Witz à Lille, l'abbé Fettig, curé de Matzenheim, M. Gasser de Soultz, l'abbé Kueny, professeur à Zillisheim, cherchaient, à tour de rôle, à familiariser les lecteurs de la Revue avec les multiples questions des sciences naturelles, leurs principes et applications pratiques. Citons à titre d'exemple l'étude de l'abbé Fettig : « Les sauterelles dans la Bible » (1901).

La Revue a largement réalisé sa promesse de s'occuper de la « *question sociale* ». On était alors au commencement de la législation et de l'organisation sociale. Sous la poussée des Winterer et Cetty en Alsace, ailleurs en France, en Belgique, en Allemagne les catholiques formaient les premiers groupements et lançaient les premiers congrès sociaux. Dès la première heure jusqu'à la guerre mondiale, le curé de la Cité ouvrière de Mulhouse, l'abbé Cetty, remplissait le rôle de courriériste social. Sa plume aussi féconde que diserte traitait les sujets les plus variés, projets de lois, congrès, œuvres. En 1882, il avait commencé sa collaboration par les belles études sur la famille ouvrière en Alsace, en 1913 il faisait ressortir les relations entre la fécondité et la confessionnalité. MM. Burg, Faber, Fahrner, Gerdelle, Grad, Mesmer, Muess, Schmitt-Le Roi, Sipp, J. Wagner consacrèrent leur talent et leur dévouement à l'étude des sujets économiques et sociaux.

L'*histoire* profane ou ecclésiastique, politique ou artistique, biographies ou mémoires, est toujours en honneur auprès du public des revues. A l'occasion du jubilé sacerdotal de Léon XIII, en 1888, la Revue catholique publiait un numéro spécial, auquel MM. Burg, Delsor, Cetty, Kannengiesser, Mercklen, N. Paulus avaient collaboré, une gracieuse poésie du curé de Fouchy, M. Mehl, en formait la préface. Le directeur eut le bonheur de faire partie de la délégation alsacienne qui, Mgr Stumpf, le coadjuteur de Strasbourg, en tête, allait présenter au vénérable jubilaire sur le trône de Pierre l'hommage sincère et les offrandes variées de notre petite patrie. Avec la plaquette de la Revue on remit au Souverain Pontife une adresse au nom du clergé alsacien, une adresse des professeurs du Grand Séminaire, la biographie de M. Dacheux sur Geiler de Kaysersberg, des canons d'autel enluminés par l'aumônier G. Keller, un Te Deum composé par Mlle Valéry Momy, des cierges fournis par la maison Metz de Strasbourg, et enfin la reproduction de la fameuse horloge astronomique de Strasbourg, faite par un artiste rural de Weyersheim. Mgr Korum, l'évêque de Trèves, qui allait suivre ses compatriotes à Rome, écrivit au directeur de notre Revue:

Trèves, le 18 janvier 1888.

Mon cher ami,

... Recevez, pour ce gracieux envoi, mon plus cordial merci. Je suis assuré que le Saint-Père aura béni le rédacteur de la vaillante revue d'Alsace et que cette bénédiction du vicaire de Jésus-Christ portera bonheur à l'œuvre à laquelle vous vous êtes voué avec tant de dévouement et un talent si remarquable (3)....

Veuillez, mon cher ami, croire à la vive sympathie que je porte à votre œuvre et aux sentiments de vieille et persévérante affection que conserve pour le rédacteur en chef

Votre tout dévoué

† *M. Félix.*

Relevons encore, parmi les nombreuses études d'histoire générale que la Revue a publiées, les dissertations de M. H. Welschinger, membre de l'Académie des Sciences politiques et morales, sur « Napoléon et Tacite » (1901), de Vetter sur « Geffken et le Vatican » (1895), du chanoine Didio sur « Mabillon et l'abbé de Rancé » (1891), les Mémoires du comte de Beaufort....

---

(3) Le 7 février 1888, Léon XIII accorda effectivement la bénédiction apostolique au directeur et aux collaborateurs de la Revue catholique d'Alsace.

La part du lion dans les sujets historiques revenait naturellement à l'*histoire de l'Alsace*. Il paraît matériellement impossible de donner en quelques lignes un aperçu exact de l'apport fourni par notre périodique à l'histoire de notre pays au passé si riche et si varié. Un professeur du Grand Séminaire de Strasbourg, l'abbé Rey, a fait une fois la remarque: « Pour bien étudier et écrire l'histoire de l'Alsace, il faudrait un couvent de bénédictins, qui s'y consacre pendant cent ans. » Quelque paradoxale que puisse paraître cette boutade au premier moment, elle indique non seulement la richesse de la matière, mais également les difficultés inhérentes aux études alsatiques. C'est un nombre respectable de collaborateurs que la Revue a fourni sur ce terrain et parmi ceux-ci se rencontrent des noms du meilleur aloi. Qu'on en juge en parcourant la liste: Ackermann, A. Adam, P. Armel, Beuchot, Blumstein, Collet, G. Danzas, L. Ehrhard, Gény, Glœckler, Grad, Gyss, Helmer, Herzog, Ch. Hoffmann, Ingold, Kannengieser, Kuntz, Lintzer, Mury, Oberreiner, N. Paulus, L. Pfleger, Rabajoie (= Landmann), S. Ræss, J.-Ph. Riehl, Schickelé, Seyffried, Sitzmann, Straub, J. Wagner, L. Walther, Zitvogel. Quant aux sujets traités faut-il rappeler ici, abstraction faite des études locales ou monographiques, la controverse sur l'origine du christianisme en Alsace entre MM. Gyss et Glœckler, la discussion sur l'origine et le développement de l'Œuvre Notre-Dame à Strasbourg par Hanauer, la défense de Grandidier par Gasser et Ingold contre l'accusation de faussaire, élevée par le professeur Bloch, les travaux du chanoine Schickelé sur l'état de l'Eglise d'Alsace avant la Révolution, ses biographies des curés Lintzer, Maimbourg, Spitz, — de Mgr Paulus à Munich sur l'intolérance du Protestantisme, le Séminaire de Molsheim, les contributions de J.-Ph. Riehl à une biographie de Mgr Freppel, etc.

L'esquisse, si incomplète qu'elle soit, que nous venons de tracer, fournit la preuve que la Revue catholique était vraiment un centre littéraire de ralliement, ouvert à toutes les bonnes volontés, et qu'elle a permis à une foule de talents d'éclore au soleil de l'Alsace littéraire. Ce n'était pas un mince mérite du directeur, vivant lui-même dans une cure de campagne, éloigné de tout centre intellectuel, absorbé par les travaux du ministère ou par les soucis des affaires publiques, de grouper et de coordonner tous ces talents et toutes ces bonnes volontés éparses, de les maintenir à la tâche et d'en renouveler les rangs à travers quatre décades d'années!

Quel a été, en dehors de la tâche épineuse de directeur, l'apport littéraire fourni par l'abbé Delsor lui-même? Dans l'article d'introduction, on avait promis de « glaner dans les publications nouvelles et de chercher à populariser les travaux soit apologétiques, soit historiques, soit scientifiques, qui font la gloire de notre époque ». La table alphabétique de la Revue catholique, publiée en 1908, par le chanoine Schickelé, contient six pages remplies par l'énumération des articles bibliographiques ou autres que l'abbé Delsor avait jusqu'alors publiés, et pendant les vingt dernières années, cette liste s'est encore bien allongée. En parcourant cette statistique, on reste étonné de la variété de travaux littéraires annotés par la plume de notre directeur, de sa facilité à s'assimiler les sujets les plus différents et de l'universalité de son savoir.

Quel bon service il a rendu aux historiens alsaciens de l'avenir par les nombreux *articles nécrologiques* qu'il a consacrés à des collaborateurs ou à des confrères dans le sacerdoce! Ceux-là seront heureux de retrouver dans les volumes de la Revue des renseignements biographiques et un jugement avisé sur l'œuvre non seulement des évêques de Strasbourg, de Nosseigneurs Ræss, Stumpf, Fritzen, Korum, mais des députés Grad et Will, des historiens A. Adam, J. Beuchot, Dacheux, Hanauer, P. Mury, Simonis, Straub, etc.

Nous ne nous arrêterons pas à énumérer longuement les études sur différents sujets qui dans les premières années ont retenu l'attention de l'abbé Delsor. En 1882 il débuta par une contribution au sujet toujours actuel: « l'Education et l'Instruction », puis il passait au « Grand électeur de Brandebourg et la délivrance de Vienne » (1886), à l'« Emigration alsacienne en Autriche au XVIIIe siècle » (1885) et plus tard aux « Souvenirs d'émigration du curé Rosier de Dossenheim »

(1908), mais bientôt ce furent les questions politiques qui absorbèrent son attention. Ses articles sur « Une nouvelle Orientation politique des Catholiques Alsaciens-Lorrains » prônaient une organisation indépendante du Centre allemand des catholiques annexés sur le terrain politique, social et religieux. En 1886, c'est «la Réorganisation des forces religieuses en France» qui le préoccupe, puis il cherche à établir les droits politiques et constitutionnels du « Reichstag et du Landtag » et prend résolument position dans la question tant discutée à cette époque, « Séminaire et Université » (1899).

Si la Revue de M. Delsor n'est point devenu un périodique, « ni exclusivement, ni principalement politique », elle a quand même exercé une influence politique, grâce à la chronique du mois écrite avec une verve étincelante par le directeur. En 1908, le chanoine Schickelé constatait déjà que celui-ci avait à son actif 273 chroniques du mois, où il passait chaque mois en revue les événements du théâtre mondial comme ceux de l'Alsace. Depuis lors, cette liste s'est notablement allongée (+ 172). S'il est rare qu'un directeur de Revue puisse tenir la plume pendant quarante ans, il est encore plus rare que le public lui conserve sa faveur et continue à s'intéresser à sa façon de juger les événements et les acteurs de la vie publique. C'était le cas pour l'abbé Delsor. Quand il dut quelques fois recourir à une plume amie pour se faire remplacer, — c'était d'abord l'abbé Wetterlé, plus tard l'abbé J.-Ph. Riehl, — les abonnés aimaient toujours relire, — sans s'identifier avec tous ses jugements, — l'exposé clair, concis, spirituel, littéraire, marqué au coin de l'originalité, des événements par l'abbé Delsor. Les historiens futurs lui sauront gré d'avoir résumé et jugé d'une façon si parfaite les questions de la vie contemporaine. Pendant sa dernière maladie, un ami qui était venu le voir, lui dit qu'il se réjouissait de lire sa prochaine chronique du mois. Après le départ de celui-ci, il dit, en s'adressant à son entourage: « Hélas! Il ne lira plus de revue de mon crû »!

Après la mort du chanoine Stœffler, on a réuni en deux petits volumes les correspondances que celui-ci avait adressées pendant plusieurs années de Strasbourg aux « Historisch-politischen Blätter » de Munich sur les événements politiques en Alsace-Lorraine et en France. Si on voulait réunir les revues du mois publiées par l'abbé Delsor, ils rempliraient une série de volumes!

Comme on l'a déjà dit, M. Delsor était un maître de la langue française en Alsace. Jamais il ne voulait accepter des articles rédigés en allemand. Nous n'avons pu constater que deux exceptions. La première pour le calendrier historique du Grand Chapitre de Strasbourg, rédigé par le chanoine Straub (1890-1891) et une seconde pour un exposé sur les étudiants catholiques en Allemagne, écrit par le professeur B. Barth (pseudonyme: Phil. Ister) du collège Saint-Etienne de Strasbourg (1888). On sait que celui-ci s'est fait capucin dans ses vieux jours et son épouse comme ses enfants ont embrassé la vie religieuse. M. Delsor maintenait la tenue littéraire chez ses collaborateurs. M. Paulus nous a raconté autrefois, à Munich, que son premier essai historique lui fut retourné par M. Delsor, afin qu'il fût retouché. Il nous est arrivé à nous-même d'envoyer une partie des Mémoires rédigées par l'abbé Beck, conseiller du dernier archevêque de Trèves. Quand les épreuves arrivèrent, le manuscrit portait de nombreux traits rouges. Le directeur avait cru qu'il avait sous les yeux une traduction moderne, mêlée de germanismes et non un texte original du XVIIIe siècle!

Comment fournir un aperçu du contenu de ses nombreuses revues du mois? Il faudrait refaire l'histoire des cinquante dernières années. Force nous est de nous limiter et de ne relever que l'un ou l'autre point concernant notre histoire d'Alsace. Au commencement de l'année 1883, on traitait au « Landesausschuss » de l'augmentation du traitement des ministres des différents cultes. Une pétition, signée par 905 membres du clergé, avait demandé « *l'égalité des cultes devant la loi des finances comme devant les autres lois* ». Les parlementaires, influencés entre autres par une brochure du Dr Erichson, directeur au Séminaire protestant de Saint-Thomas, passèrent outre. Voici comment la « Revue catholique » (1882-83, p. 760) commenta ce défi à l'égalité: « Ce que demandaient les 905 prêtres pétitionnaires, c'était, indirectement, sans doute une augmentation, mais avant tout l'égalité des traitements pour les ministres de tous les cultes. Or, de ce point qui était au fond le principal et le seul sujet des pétitions, il n'a pas été dit un traître mot pendant toute la séance. Pas un député ne s'est levé pour rappeler les orateurs à la question, pas un député ne s'est levé pour défendre ce droit si légitime réclamé par les pétitionnaires. On a parlé de besoins, d'indigence, d'augmentation, de tout, excepté du droit du prêtre catholique de s'asseoir à la table budgétaire au même titre que le pasteur et le rabbin. On peut se demander si les membres de la 2e Commission ont seulement lu les pétitions, qui leur étaient soumises... Ce rapport, dont M. Fuchs s'est fait le parrain, nous ne pouvons le qualifier autrement qu'un chef-d'œuvre insigne d'hypocrisie et de lâcheté »!

Après le décès prématuré de Mgr Stumpf, évêque de Strasbourg (1890, août), de longues tractations entre Rome et Berlin aboutirent à la nomination de Mgr Fritzen comme évêque de Strasbourg, et de Mgr Marbach comme coadjuteur. L'*Osservatore Romano,* du 22 janvier 1891, eut le tort, en annonçant la nouvelle, de présenter Mgr Fritzen comme « Lorrain (= Lorenense) ». Cette façon de procéder excita l'indignation du chroniqueur de la Revue: « Depuis la vacance du siège, écrivit-il dans son prochain bulletin, nous n'avons cessé de nous tenir dans une réserve, qui a un peu étonné nos lecteurs... Malgré cela nous ne pouvons nous empêcher de signaler à l'indignation et à la désapprobation de tous les honnêtes gens de tout culte et de toute nationalité, une audacieuse et impudente manœuvre des rédacteurs de l'*Osservatore Romano.* Le Dr Fritzen a cru jusqu'ici qu'il était allemand, beaucoup d'autres le croient comme lui, et tous nous sommes persuadés que le gouvernement lui a offert la mître de Strasbourg à raison de son origine allemande. Eh bien! cela est faux. Les pieux pérugins qui rédigent l'*Osservatore Romano* nous apprennent qu'il n'en est rien... Ils écrivent: « Du côté de Berlin on voulait un évêque allemand, par contre du côté de Rome on désirait un évêque alsacien, comme il était désiré, naturellement, par les catholiques strasbourgeois... Le Saint-Siège, voulant satisfaire les justes désirs du peuple strasbourgeois, mais ne voulant pas s'opposer complètement à la volonté du gouvernement prussien, pensa très opportunément à choisir un **Lorrain** (= Lorenense) !!!... Voilà l'effronterie avec laquelle on falsifie à l'*Osservatore Romano* les vérités les plus notoires... Il est évident que nous sommes en présence d'un mensonge calculé, sciemment répandu dans le monde catholique, car personne n'admettra que les pérugins de l'*Osservatore Romano* n'aient pas connu le véritable état civil du candidat à préconiser. » (1891, p. 58.) On voit, M. Delsor suivait le vieil adage : « Amicus Plato, magis amica veritas », et les rédacteurs du journal de Rome ont eu tort de vouloir faire passer Mgr Fritzen, parce qu'il remplissait depuis quelques années les fonctions de préfet des études au Petit Séminaire de Montigny (Lorraine), comme Lorrain indigène.

Un compte-rendu de la même année 1891 sur la moralité à Berlin devait valoir à notre chroniqueur trois mois de prison. A propos de procès scandaleux de mœurs, à Berlin, la Revue avait osé écrire : « Le monde berlinois ne danse pas sur un volcan, comme dit l'expression vulgaire, mais sur un cloaque... Berlin est la ville de l'intelligence sans Dieu, il est inévitable qu'elle soit la ville de la bestialité : aucune mesure de police n'y fera rien, pas plus que l'influence religieuse du protestantisme, car le souteneur et la courtisane ne sont pas des protestants mauvais, ils ne sont que des protestants logiques ». Ne pouvant contester la matérialité des faits, le procureur impérial retint la dernière phrase. En une communication ultérieure laconique, les lecteurs apprirent que, le 18 décembre, le directeur de la Revue avait été condamné par le tribunal correctionnel de Mulhouse à trois mois de prison (1891, p. 705). Son défenseur, l'avocat Marbe, député de Fribourg (Bade), était convaincu « qu'on avait moins voulu au contrevenant contre l'article 166 qu'au publiciste gênant par l'indépendance de ses idées et de sa plume. Le paravent religieux était excellent pour voiler l'exécution d'un adversaire politique » (1907, p. 794). L'abbé Delsor dut purger sa peine à la prison de Mulhouse. Il n'avait jamais, comme il disait plus tard, trouvé dans sa vie laborieuse un repos pareil. Il en profita non seulement pour lire la bibliothèque de l'ami Wetterlé, alors vicaire à Mulhouse, mais aussi pour rédiger des Mémoires, que nous espérons pouvoir publier un jour. Ils feront pendant aux souvenirs de prison de l'abbé Bechtold et de Mgr Kannengieser, à défaut de ceux des abbés Ricklin, Kuntz, Hug, tous condamnés comme rédacteurs catholiques.

Devons-nous revenir sur l'incident et l'expulsion de Lunéville, le 7 janvier 1904, sous le régime abject de Combes? Contentons-nous d'établir que l'abbé Delsor, alors député au Reichstag, n'a pas reçu avis de l'arrêté d'expulsion à sa descente du train de Strasbourg, mais en se rendant, après le souper chez le député Corrart, au Cercle catholique, où il devait prendre la parole. L'arrêté d'expulsion reposait probablement sur une méprise. On a confondu M. Delsor, directeur du journal le « Volksbote », avec le rédacteur de l'hebdomadaire, le « Volksfreund », qui venait d'être interdit en France et on supposait que M. Delsor était venu à Lunéville pour protester contre cette mesure vexatrice! (1904, p. 3—13. Mon Expulsion de France.)

Ces quelques exemples que nous avons cités suffisent pour donner une idée du style et du genre de M. Delsor. L'amour de la vérité et de la justice, sans égard pour personne, ont dicté les chroniques du mois, de vastes connaissances littéraires, une parfaite possession du génie de la langue française, une fougue méridionale (héritage ancestral) les distinguaient et leur assurèrent jusqu'à la fin de fidèles lecteurs.

Ajoutons, pour terminer cette étude trop courte, que la Revue catholique s'imprimait jusqu'en 1907 chez Sutter à Rixheim. Une lettre de l'imprimeur de 1893 nous apprend qu'elle avait alors 550 abonnés. Après un court stage de deux ans (1908-1909, à l'imprimerie Hauss), la Revue catholique retourna à la maison Le Roux de Strasbourg, qui avait imprimé

Le député au Reichstag.

la première série, avant 1870. Dès la première décade du XXe siècle, le nombre des collaborateurs, comme celui des abonnés, commençait à baisser : la mort exerçait des ravages dans les deux groupes et la relève se faisait attendre ! La guerre mondiale interrompit, comme en 1870, la publication de la Revue ; tout périodique français étant, comme la langue elle-même, pendant ces quatre années banni dans les provinces annexées. Le directeur devait s'estimer heureux, grâce à sa double qualité de député au Reichstag et au Landtag, de ne pas être envoyé au camp de Holzminden ! En reprenant la plume après le retour de l'armée française, en Alsace, le sénateur Delsor fut secondé dans la rédaction par l'abbé J.-Ph. Kiehl, depuis l'armistice professeur à Strasbourg. La cherté montante de la vie augmenta malheureusement le déficit de la Revue. Pour le couvrir jusqu'à la fin de 1924, le directeur dut s'imposer un sacrifice de 40.000 francs ! Et il n'était pas un profiteur de guerre !

Ne pouvant continuer à assumer seul une charge si écrasante, il était décidé, au mois de décembre 1924, à arrêter la publication de la Revue, mais sur les instances et avec le concours de Mgr Ruch il reprit la plume, secondé par un groupe de jeunes collaborateurs. Malade lui-même, il avait encore voulu consacrer dans le numéro du mois de décembre une notice nécrologique à un ami fidèle, Maurice Schæffer, dont les Souvenirs d'exil avaient tant intéressé et égayé les lecteurs de la Revue. Il ne se doutait guère, en traçant avec sa main défaillante ces dernières lignes, que le prochain numéro de la Revue serait consacré à sa propre mémoire. Quand, dans les derniers jours, on lui parlait de l'avenir de la Revue, il dit : « Je vous l'abandonne, elle est entre de bonnes mains ».

Quoi qu'il en soit de cet avenir, le nom de M. Delsor restera intimement lié à celui de la Revue catholique. Parmi ses œuvres, elle est une des plus fécondes et des plus durables, c'est le plus beau monument, qui parlera de lui aux générations futures.

J. GASS.

LE JOURNALISTE.

Une grande feuille de papier jauni (à l'ordinaire le verso de quelque imprimé administratif), une écriture à grands jambages, exempte de toute hâte, une marge très large réservée pour les corrections, un texte par endroits surchargé de ratures, tel était l'aspect habituel du brouillon où, vers le milieu de chaque mois, s'ébauchait la « chronique » que l'abbé Delsor destinait à la « Revue catholique d'Alsace ».

Combien de fois je l'ai surpris, le bon abbé, tandis que de la sorte prenait corps sa pensée.

A peine annoncé d'un mot bref, on était dans son bureau.

— Ah, c'est vous!...

Je l'entends encore, cette amicale et affectueuse interjection. Et de quel accueillant sourire son visage s'éclairait alors! Si absorbantes que fussent ses tâches, si comptés que fussent ses instants, si accablants ses soucis, vous eussiez dit qu'il vous attendait tout juste à ce moment-là. Quand, sur son seuil, paraissait une figure amie, il eût, pour prolonger cette intimité, arrêté le soleil!

Dès les premiers mots, vous étiez à l'aise. Tout de suite, le cœur s'ouvrait. Echange de nouvelles, échange d'idées, la conversation avec l'abbé Delsor respirait la simplicité, la franchise, l'abandon. On avait tôt fait, d'ailleurs, en devisant « de omni re scibili et quibusdam aliis », d'explorer toutes les régions de l'actualité. Rien n'était étranger à son esprit! M. Delsor s'intéressait à tout. Dans ses entretiens, la littérature avait large part, — mais aussi le journalisme. Les préceptes que nous l'entendions formuler, on ne nous interdira pas de nous en souvenir au moment de porter un jugement sur l'écrivain, sur le journaliste de grande envergure qu'il fut.

Personne n'attend de nous, en ces quelques pages, un aperçu complet, une étude massive sur une œuvre aussi variée, aussi multiple, et qui s'étend à cinquante années d'une production presque quotidienne. Tout au plus ces réflexions hâtives, notées comme en marge de notre sujet, veulent-elles fixer la « manière » de M. Delsor dans les divers genres qu'il a maîtrement pratiqués.

Le journalisme ne fut pas pour lui une improvisation continue, mais un art raisonné, laborieusement acquis, ayant ses formules et ses modèles. Ce qui ne veut pas dire qu'il ne tînt pas de naissance toutes les qualités qui font le maître journaliste. *Nascuntur poetæ, fiunt oratores.* Il eut assurément, pour se guider, un sûr instinct. Ses dons innés ne se développèrent toutefois pas au hasard. C'est au contact du public, dans une psychologie attentive aux réactions de l'opinion qu'il puisa les maximes directrices de sa conception du journalisme.

On écrit — d'ordinaire — pour être lu. Vérité de la Palisse, à coup sûr, mais qui n'en implique pas moins cette règle de bon sens trop souvent oubliée que, pour être lu, il faut avant tout s'adapter à son public, se mettre à sa portée, tout en le dominant.

« Dans une feuille qui va au peuple, nous disait le chanoine Delsor, ce qu'il faut, voyez-vous, c'est la clarté, une clarté limpide comme de l'eau. Aller droit au but, ne pas se perdre en digressions, en allusions, en sous-entendus ; ne pas s'embarrasser de fioritures, telle est la seconde règle. Et surtout, soyez bref ! Plus l'article sera court, vigoureux, plus il portera, et plus ... il aura de chances d'être lu. »

Mais à public différent, langage différent ! On ne parle pas à un bourgeois moyen, encore moins à un homme cultivé, sur le même ton qu'à l'homme du peuple, au paysan de nos campagnes. « Quand vous écrivez pour l'élite pensante, ajoutait M. Delsor, la carrière est largement ouverte devant vous. Comme on ne vous demande plus une simple mélodie, « orchestrez » votre sujet si possible, c'est-à-dire traitez-le avec ampleur en l'étoffant d'échappées sur l'histoire, la politique, la philosophie. Ne dites pas tout, mais donnez à penser. Rien ne vous limite, si ce n'est la mesure et le bon goût. »

Cette conception de la diversité des genres, nul ne l'a mieux appliquée que M. Delsor lui-même. Je ne voudrais pas empiéter sur le domaine que se sont assigné ici des plumes plus autorisées. Mais force m'est bien de marquer d'un mot comment, de ton, de style, d'exposition, — abstraction faite de la diversité des sujets — se différencient d'une manière si accentuée les « chroniques du mois » de M. Delsor, ses polémiques de l'*Union d'Alsace-Lorraine* ou du *Volksbote,* et ses *Causeries à la Taverne.*

Dans celles-ci, l'éminent journaliste se fait l'homme du terroir, caustique, satirique, toujours peuple. Son style est direct, imagé, carré. Fait-il de la polémique, il frappe à coups de hache. Fait-il de la narration, il conte le plus gentiment du monde, en un parler pittoresque et plein de saveur.

Combien différente se révèle sa prose dans la « Revue catholique d'Alsace »! Elle est d'un publiciste de bon ton, infiniment courtois, qui tient à faire honneur à son public. La phrase, amplement drapée, soutient un style où tout est clarté, chaleur, mouvement. Sans prétention aucune, M. Delsor y déploie toutes les ressources de son intelligence, qu'il a pénétrante et subtile. Sa culture vaste, toute pétrie de latinité, riche en lumières sur toutes choses, ne contribue pas peu à relever des sujets qu'il traite en homme rompu à la politique.

Si nous cherchons à quelle école s'est formé ce journaliste, nous avons tôt fait de rencontrer parmi ses maîtres un écrivain auquel, par le tempérament, la véhémente passion du bien, l'absolu désintéressement, l'indomptable esprit d'indépendance, la droite et farouche franchise, il ressembla tant : nommons Louis Veuillot. Il en tenait les œuvres, notamment les *Mélanges,* à portée de main, près de sa table de travail. Il me souvient qu'un jour, ayant vainement cherché à vérifier l'authenticité d'un texte de Veuillot sur les « Mauvais prêtres », lu en citation je ne sais où, mais sans nulle référence, j'en parlai à l'abbé Delsor.

— Attendez, me dit-il, je vais vous trouver ça tout de suite.

Et se retournant, il prit aussitôt, sans la moindre hésitation, parmi la vingtaine de gros volumes que constituent les *Mélanges,* celui qui contenait mon texte. A l'instant même, il en avait retrouvé la page. Je cite ce détail pour montrer que l'abbé Delsor avait pratiqué Louis Veuillot comme un vieil ami, cherchant dans cette fréquentation un modèle en matière de polémique. Il y goûtait surtout le relief de l'expression, l'ironie cinglante, la vivacité des ripostes.

Depuis Buffon, on se plaît à répéter: « Le style, c'est l'homme ». Vérité ou contre-vérité, suivant l'interprétation, large ou restrictive, donnée à cette trop sommaire définition!

Convenons que le style n'est pas toujours l'homme, mais qu'il l'est quelquefois; de même que, quelquefois, en dépit d'une maxime inverse, l'habit peut aussi faire le moine. C'est qu'il y a homme et homme, comme il y a moine et moine.

Nombreux sont les auteurs dont le style ne reflète nullement la physionomie morale. Parcourez certains grands journaux, vous y verrez des écrivains, de mentalité et de tempérament pourtant très divers, adopter, suivant une formule donnée, comme un style de communauté, tout impersonnel, et qu'on dirait de la même plume. D'autres auteurs changent de style avec la même facilité qu'on change de veston, la manière de s'affubler leur important peu. C'est que, chez eux, le style ne s'identifie pas avec la personnalité, il n'en est pas l'émanation directe et l'on se tromperait fort en affirmant à leur propos: tel style, tel homme!

L'abbé Delsor ne se range certes pas parmi ceux-là. Son style exprime à plein sa personnalité. Il est son « verbe » dans l'acception philosophique du terme. Quoi qu'il écrive, M. Delsor reste toujours lui-même. Que sa phrase soit longue ou courte, hachée, coupée d'incidentes, ou ample et fluide, l'auteur se reconnaît tout de suite à un certain accent, à une verdeur inimitables qui sont sa signature.

La raison en est simple. La personnalité de M. Delsor est comme d'une seule coulée. Elle ne se compartimente pas en divers personnages, le prêtre, le journaliste, le parlementaire, qui se dédoublent selon l'occasion. Sous quelque forme que s'exerce son activité, il demeure, nous le répétons, toujours lui-même. Il est, si l'on peut dire, d'une seule pièce. Droiture, sincérité, franchise, indépendance, désintéressement, puissance d'amour et d'aversion, d'une aversion qui n'en veut pas aux hommes en tant que tels, mais aux « suppôts » de ce qui lui paraît exécrable; cette nature fougueuse, volcanique, tout entière tendue vers le bien, l'idéal, les causes nobles et sacrées, la religion, la patrie, la prospérité de la cité, le bien-être du peuple: ce sont là quelques-uns des traits par où s'accuse sa vigoureuse individualité.

Comme on comprend son mépris pour cette sorte de journalistes qui, de gaîté de cœur et avec forfanterie, prostituent leur plume, plaident tout aussi bien le « pour » que le « contre », n'affichent de convictions que pour masquer leur vénalité ou leurs ambitions, et ne font honneur à la vérité que dans la mesure où elle leur est utile.

Dans tous ses écrits, le chanoine Delsor apparaît comme un lutteur. Il excelle dans l'article de combat, où sa verve, sa causticité, son humeur batailleuse, peuvent se donner libre cours. Et Dieu sait s'il s'en donne! On connaît les mordantes ironies, les mots gouailleurs, les sarcasmes dont il accablait les adversaires. Frappant d'estoc et de taille, il guerroyait sans souci des inimitiés qui s'amassaient sur son chemin. Tout entier à la défense de la « cause », cela lui paraissait un petit inconvénient dont, en bon soldat, il faut savoir prendre son parti.

Polémiste redoutable dans le « Volksbote », M. Delsor le fut aussi, mais plutôt rarement, dans les chroniques du mois de sa *Revue catholique*. En quoi il sentait bien qu'il ne se conformait pas à la loi du genre. « Chassez le naturel, il revient au galop ». D'ordinaire pourtant, il se bornait à une rapide passe d'armes. Un coup de feu, en passant!

Mais ces chroniques, précisément, nous montrent l'écrivain sous un autre jour, celui de l'informateur. Ici sa forme est plus littéraire, plus soignée. Si sa verve se débride, elle garde toujours de la tenue. On devine l'homme qui sait ce qu'il écrit et qui pèse ses mots. Ne paraissant que tous les mois, à une certaine distance des événements, ces chroniques permettent aux impressions premières de se refroidir. On a tout loisir de réfléchir, d'examiner les faits à la lumière de l'esprit critique.

Quoi que prétendent ceux qui s'entêtent à ne le revoir qu'à travers leurs rancunes, M. Delsor avais très aigu le sens de l'objectivité comme en témoignent suffisamment ses quarante années de collaboration à la *Revue catholique*. Il ne vient à l'esprit de personne de nier que la fougue de son tempérament, la rapidité de ses réactions, mais surtout la rude franchise des passions qu'il mettait au service du bien, ne lui aient pas, de loin en loin, joué un mauvais tour. Sur le champ de bataille, dans une atmosphère salpêtrée, les emportements ne sont que trop faciles. Resterait à prouver, du reste, que les torts, si quelquefois tort il y eut, aient toujours été le fait du vaillant lutteur que nous pleurons.

Au demeurant, ne confondons pas objectivité et impartialité! Ce n'est pas tout à fait la même chose.

Trouvant dans son robuste bon sens, dans les avertissements de sa clairvoyance, un frein puissant, M. Delsor a fait infiniment moins de faux pas que tel de ses censeurs, qui ne craint pas de le juger du haut de sa prétendue sagesse ou de ses petites habiletés. En tout cas, jamais M. Delsor ne s'est rendu coupable d'une vilenie, jamais d'une trahison!

Mais revenons au chroniqueur. Celui-ci s'est surtout attaché, dans sa « revue du mois », à éclairer les événements, à y débrouiller l'écheveau des causes et des effets. Il se plaît à élever le débat en l'envisageant sous l'angle des grandes idées et des éternels problèmes. Ce qui donne à ses aperçus un caractère si lumineux, c'est qu'ils viennent d'un homme infiniment documenté sur son époque. M. Delsor a beaucoup lu, et ce qu'il a lu, il l'a bien lu. Il est, comme on dit, « ferré à glace ». Toujours « à la page », il est dispos en permanence pour suivre avec fruit l'actualité.

Notons que jamais M. Delsor n'écrit pour écrire, encore moins pour badiner. Homme d'action en tout, le journal, la revue ne lui sont qu'un levier pour agir sur l'opinion. Le journalisme n'est-il pas un moyen d'apostolat que saint Paul, s'il revenait, ferait sien?

Anatole France écrivit un jour à propos de Jules Lemaître: « Quelle autorité n'aurait-il point acquise s'il avait été de moitié moins intelligent? Mais il voyait l'envers des idées. Une telle perspicacité ne se pardonne guère ».

Comme on est tenté d'appliquer la boutade au chanoine Delsor! Lui aussi, il fut trop perspicace. N'aimant pas l'ombre, abhorrant d'instinct l'équivoque, il a prévu vers quelle débâcle les catholiques d'Alsace étaient conduits. Et il en a frémi de chagrin.

Pour terminer, citons cette page de Louis Veuillot, — nulle citation n'eût été plus agréable au regretté chanoine.

« Notre temps n'aime pas la vérité ... et dans le petit nombre de ceux qui l'aiment, plusieurs, pour ne pas dire beaucoup, n'aiment pas ceux qui se mettent en avant pour la défendre. On les trouve indiscrets, importuns, inopportuns. On ne leur pardonne pas volontiers leurs défauts; on leur sait plus volontiers mauvais gré de ne pas mettre tout le monde d'accord avec tout le monde. »

Tel fut Delsor, vrai fils d'Alsace!

« Indiscret, importun, inopportun », au jugement des ennemis de l'Eglise, des ennemis de la France!

Intrépide et admirable soldat de la bonne cause, au jugement de l'histoire qui fera œuvre de justice! Et cette œuvre de justice n'est-elle pas déjà commencée?...

THÉODORE LEMBLÉ.

L'ABBÉ DELSOR ET SES «CAUSERIES».

Nous ne pouvons aujourd'hui dire que peu de mots de cette partie si originale de l'œuvre littéraire de M. Delsor, quitte à reprendre plus tard le sujet qui est intéressant à plus d'un point. Un ami du défunt, E. C., a déjà écrit un brillant feuilleton sur les « Causeries üs d'r Taverne — voir « 's Elsass » du 31 décembre 1927 — où l'essentiel a été dit sur le choix des personnages que M. Delsor introduisait dans ses causeries, sur les sujets qu'il faisait débattre par ses personnages, sur sa langue vigoureuse et l'orthographe également originale. E. C. conclut avec raison: « Avec M. Delsor vient de disparaître la meilleure plume dialectale de l'Alsace ». Il est probable qu'un jour les « Causeries » feront le sujet d'une thèse de doctorat à l'Université. Quelle raison, en effet, y aurait-il de ne pas faire pour M. Delsor ce qu'on n'a pas dédaigné de faire pour Murner « qui savait l'hébreu et faisait des vers en langue teutonique » et à qui M. Delsor ressemble par plus d'un trait? Du reste, on aurait tort de ne voir dans les « Causeries » que la parfaite expression du bon sens populaire. M. Delsor connaissait ses auteurs. De Rabelais il avait étudié la langue et il aurait voulu que quelque philologue rassemblât les mots que, d'après lui, l'auteur de Gargantua avait empruntés à la langue strasbourgeoise. Du « Rabelais allemand », Fischart, il imitait, quelquefois avec un rare bonheur, la manie des mots composés. C'est M. Delsor qui avait lu à la Bibliothèque de Strasbourg les curieux « Colloques familiers françois et allemands » de Daniel Martin, maître de langue à Strasbourg, avant même que M. Charles Nerlinger en reproduisît la partie française sous le titre « La Vie à Strasbourg au commencement du XVIIe siècle » — Belfort 1899. S'il y eut des Fraubasengespräch à Strasbourg vers la fin du XVIIIe siècle, M. Delsor ne les connaissait pas moins et c'est certainement au « Pfingstmontag » d'Arnold qu'il doit le nom d'un de ses personnages préférés, le « Lizeziat ». Son « Ysere Mann » lui-même avait déjà joué son rôle dans le « Ys're Mannsbuechel ». Quant au « Bundonnié » qui fut longtemps seul à interpréter l'esprit satirique de M. Delsor (notamment dans « l'Union » jusqu'à sa suppression en novembre 1884), il est peut-être de l'invention de M. Delsor lui-même. Les Strasbourgeois d'avant 1870 aimaient leurs pontonniers, et quand le régiment eut quitté la ville, il restait assez de

vieux « Bundonnié » qui n'étaient pas en tout de l'avis des nouveaux maîtres dans la discussion des affaires publiques. On sait qu'à ces trois personnages: Lizeziat, Ys're Mann, Bundonnié, M. Delsor adjoignit plus tard (dans le *Volksbote* de la dernière époque et à l'*Echo d'Alsace et de Lorraine*) le Kléwer. Le plus original de tous est pourtant « D'r ald Bundonnié », lui qui dans son dernier feuilleton de « l'Union » (23 novembre 1884) explique pourquoi, pendant plus d'un an, il avait cessé de paraître:

« S'gedenkt noch alle Litt, wie der ald Bundonnié vor'm Jôr geträumt het. Im alde Bundonnié gedenkt's au: einmôl geträumt, awwer nimmi. . . . »

et où il caractérise le candidat Leiber (concurrent de Kablé) en lui prêtant ce propos:

« Ihr Strossburjer, welle-n-er d'Sunn? Ihr bekumme si. Welle-n-er de Mond? Denne krieje-n-er. Welle-n-er d'Sterne? Ihr solle si hann. »

La meilleure plume française d'Alsace, on l'a déjà dit, la meilleure plume pour écrire en dialecte, et de l'allemand aussi une maîtrise parfaite. Comme le vieux poète Ennius, M. Delsor pouvait dire de lui-même: Tria corda habere sese, quod loqui græce et osce et latine sciret. Seulement — et le Lizeziat nous aurait accordé certainement cette liberté — nous traduirons: Il avait trois cordes à son arc, et il s'en servit avec une supériorité remarquable en chaire, à la tribune, à travers la série monumentale de sa Revue et dans ses Causeries.

A. MORGENTHALER.

V.

LE BIBLIOPHILE :

L'ABBE DELSOR BIBLIOPHILE.

Le clergé d'Alsace n'a peut-être jamais compté dans ses rangs de bibliophile plus passionné que le célèbre chanoine Jeanjean. Son panégyriste dit à ce propos : ... eius oblectatio bibliothecas pinacothecasque invisere, versare manibus libros, incisas æri imagines. Habebat ipse in genere hoc utroque quod pretiosum, quod rarum est in successu artis. Ast cum ei ostenderetur aliquod ex illis nobilissimus operibus quæ docta nobis antiquitas reliquit, tunc in eo defixus oculos mentemque cum inexplebili cupiditate pascebat. Visiter des bibliothèques, palper des livres, des gravures, ne pouvoir s'empêcher de désirer ardemment les belles pièces, en constituer une collection rare, voilà bien les caractéristiques du bibliophile.

Quoique d'humble naissance comme notre chanoine Delsor, Jeanjean avait peut-être hérité de son père, coiffeur à Sélestat -- un coiffeur du 18e siècle — le goût des belles choses plutôt que les moyens pécuniaires pour les satisfaire. On connait pourtant de lui toute une série d'Ex-libris, dessinés par lui-même. Monsieur Delsor, lui, en guise d'Ex-libris, n'employa jamais qu'un timbre mouillé à l'encre bleue, qui dépare singulièrement les feuilles de garde blanches ou jaunies. Mais ce que lui-même héritait de son père — qui tenait boutique dans la rue du Jeu-des-Enfants aux abords de l'ancien Gimpelmarkt et qui fréquentait les ventes aux enchères — ce fut la curiosité. Le studieux élève de l'école des Frères a dû trouver dans la maison paternelle même — comme le fils du libraire du quai Malaquais ou comme Erckmann dans le cabinet de lectures de son père, à Phalsbourg — les premières satisfactions d'une bibliophilie naissante.

« Quand nous rentrions de l'école, nous a-t-il raconté encore récemment, nous allions bouquiner dans les boîtes du cloître de l'ancien couvent des Dominicains, détruit par incendie en 1860. Les livres étaient à un prix uniforme de deux sous. Seulement, ces deux sous, nous ne les avions pas toujours, et nous étions réduits à lire les livres sur place, si les marchands nous laissaient faire. Il y avait aussi Mademoiselle Freiesleben, fille d'un brocanteur, qui avait son magasin au Marché-aux-Vins. Mais comme elle était intelligente, elle sut bientôt trier sa marchandise et, chez elle, les livres étaient au prix marqué. »

Après la guerre, le jeune abbé Delsor fut précepteur dans une famille de Nantes et là aussi il continua à bouquiner, sur les quais de la Loire, et en rapporta notamment un livre assez curieux: « Der Rheinische Antiquarius ». Entre temps le Gimpelmarkt de Strasbourg avait été transféré de la place du Vieux-Marché-aux-Vins sur les quais du canal des Faux-Remparts près de l'Ancienne Gare. C'est là que l'abbé Delsor eut un jour l'aventure la plus curieuse qui puisse arriver à un bouquineur. Un tome dépareillé d'une grammaire grecque attira son attention par le vieux parchemin qui le revêtait. Il l'emporta chez lui et dans ses loisirs il essaya de déchiffrer les caractères d'une écriture ancienne qui couvrait le parchemin. Il n'y réussit guère, ni, quand il le lui montra, le savant abbé Hanauer, qui cependant avait la réputation de lire les vieux grimoires aussi couramment que son bréviaire. Or, un jour, le Bulletin Critique que M. Delsor recevait probablement comme directeur de la Revue, publiait une « question » de la Bibliothèque Nationale, conçue dans ces termes: « Nous possédons les tomes I, II et IV d'une grammaire grecque.... Il est probable que le tome III existe quelque part, relié, comme nos tomes, en vieux parchemin.... »

M. Delsor ne tarda pas à envoyer son bouquin à Paris, d'où lui revint bientôt un joyeux Heurêka. Le parchemin complétait un manuscrit du temps du saint roi Louis IX, contenant un rapport des missi regii. Inutile d'ajouter que M. Delsor fit don du précieux document à la Bibliothèque Nationale et qu'il le fit gratis pro Deo — et patria! Nous n'avons pas encore pu trouver les deux numéros du Bulletin où ont paru la question et les remerciements de la Bibliothèque Nationale, mais le fait est exact, nous le tenons de M. Delsor lui-même.

Doué de cette curiosité et de cette heureuse veine, M. Delsor a dû acquérir plus d'un beau volume. Et cependant la bibliothèque qu'il a laissée paraît plutôt frugale. C'est qu'il ne dépensait jamais de sommes considérables à l'achat de livres et, d'autre part, comme l'exemple de la Bibliothèque Nationale l'a déjà montré, il était généreux. C'est ainsi qu'un exemplaire de la Chronique de Kœnigshoven (Schilter), qui avait appartenu au préteur royal Ulric Obrecht, connu par sa conversion au catholicisme, fut donné par lui, il y a déjà longtemps, à la bibliothèque du Grand Séminaire. Et c'est cette générosité même qui distingue M. Delsor de l'ordinaire des bibliophiles, Genus avarum, s'il en fut.

Il restait le bibliophile curieux de textes rares et de manuscrits, comparable en ceci au curé Zimberlin qui se nomme sur son Ex-libris Phyrettensis et qui eut un jour la bonne fortune de découvrir à Rixheim le manuscrit de la grande Chronique de Thann et en permit la publication en 1863. Or, M. Delsor ne fut peut-être pas le seul qui eût connaissance du curieux Rituale parochiale de l'abbé Laminis qui, de 1688 à 1708, notait avec une certaine pédanterie dans un latin d'une saveur rustique, les coutumes religieuses de sa paroisse de Geispolsheim. Mais M. Delsor, alors curé à Marlenheim, seul prit la peine de copier de longs passages du manuscrit et d'en résumer d'autres. Et si tout récemment l'original, qui avait été égaré par un emprunteur ultérieur peu consciencieux, n'avait pas fait retour au presbytère de Geispolsheim, nous devrions au labeur de M. Delsor la conservation de ce précieux document.

Rappelons encore que le nom de Monsieur le curé de Marlenheim, N. Delsor, figure sur la liste des bibliophiles qui participèrent à l'Exposition de reliures au Château des Rohan (6—20 octobre 1907), qu'il est l'auteur d'une charmante plaquette sur « Les vrais inventeurs du Pâté de foie gras » éditée par la maison Berger-Levrault à Nancy en 1909; qu'il conserva le beau catalogue de l'Exposition d'œuvres de l'art français du 18e siècle à Berlin, que le député au Reichstag pouvait

Groupe des Députés alsaciens-lorrains au Reichstag en 1898.

Assis : MM. Vonderscheer, Pierson, Labroise, Hauss. — Debout : MM. Delsor, Rœllinger, Preiss, Küchly, Wetterlé.

visiter en 1910. Et, enfin, ce fut comme le couronnement de cette longue carrière d'une curiosité et d'une bibliophilie éclairées, en même temps que l'éloquente protestation contre le romantique « Ceci tuera Cela », quand les Amis de la Cathédrale, lors de la réouverture du grand portail, s'adressèrent au vénérable chanoine et sénateur Delsor pour la rédaction du diplôme latin magnifiquement illuminé qui fut offert à Monseigneur l'Evêque de Strasbourg.

*
**

Note additionnelle

Nous venons de trouver parmi les brochures de la bibliothèque du chanoine Delsor l'Extrait des comptes rendus des séances de l'Académie des Inscriptions et Belles-Lettres, dans lequel le conservateur de la Bibliothèque nationale, M. Léopold Delisle, parle du « Fragment d'un registre des enquêteurs de Saint-Louis » (Paris, Impr. Nat., 1890). Nous y trouvons de quoi préciser notre information. La « grammaire grecque », dont nous parlions plus haut, est en réalité la « Chrestomathie ex linguæ græcæ scriptoribus ». Sec. ed. Paris Delalain 1823, in-8°, en un seul volume. La Bibliothèque en possédait trois exemplaires et M. Delisle supposait avec raison « que les trois volumes ... ne doivent pas être les seuls exemplaires de la Chrestomathie de 1823 qu'on ait revêtus de feuilles de parchemin ayant appartenu au précieux registre dont ils nous ont révélé l'existence.... Je ne regretterai pas d'en avoir fait la remarque, si des recherches dirigées de ce côté amènent un jour la découverte de nouveaux feuillets des procès-verbaux des enquêteurs de Saint-Louis. » Cette remarque finale est suivie dans la brochure d'une note :

« Au mois de janvier 1890, le R. P. Ingold a offert à « la Bibliothèque Nationale, de la part de M. l'abbé Delsor, « curé de Nordheim (Alsace), un quatrième exemplaire de la « Chrestomathie de 1823, dont la couverture a fourni deux « nouveaux feuillets du même registre des enquêteurs de « Saint-Louis. »

A. MORGENTHALER.

L'ABBÉ DELSOR ARTISTE.

Si l'abbé Delsor était amateur de vieux bouquins et de beaux livres, il n'estimait pas moins les productions de l'art dans ses multiples manifestations. Associé fidèle de la Société pour la conservation des Monuments historiques d'Alsace, il s'intéressait également aux vieux tableaux, gravures anciennes et soutenait avec le chanoine Schickelé les efforts de la Société de l'Art chrétien à Munich. On pouvait voir dans son logement, à côté de la réplique en plâtre de la statue du général Kléber, la statuette en bronze de l'apôtre de Strasbourg, le saint abbé Mühe, de vieilles gravures de Strasbourg. De vieux portraits de saints, peints à l'huile, voisinaient avec les esquisses au crayon, signées de la main de notre compatriote Feuerstein, dont les peintures originales décoraient autrefois le chœur de l'église Sainte-Madeleine: l'arrivée de la Sainte à Marseille, le séjour dans la solitude de la Sainte-Baume, l'apothéose avec la dédicace de l'église Sainte-Madeleine à Strasbourg. Un commencement de collection de monnaies contenait des pièces romaines et de l'Italie moderne, de Louis XV et de la République, de l'Autriche et de la Belgique, du Kriegsgeld allemand et français, des médailles commémoratives religieuses et profanes. Tout cela on le savait et on le voyait; ce qu'on ignorait, c'est que l'abbé Delsor s'était essayé à la peinture décorative. Dans sa succession se sont trouvés deux vases et une série d'assiettes qu'il avait lui-même ornés de motifs de fleurs en couleurs. L'un des vases porte la signature de l'artiste: *N(icolas). D(elsor). 4 7bre 1889.* C'était la veille de sa nomination à Nordheim. Le changement de paroisse aura arrêté le travail de décoration des assiettes, dont huit sont ornées de violettes, marguerites, fuchsias, myosotis, paquerettes et pervenches, alors que les quatre dernières de la douzaine sont restées sans décor floral.

J. GASS.

NOTE BIBLIOGRAPHIQUE.

Il ne peut pas être question ici de retracer le tableau bibliographique de tout ce que M. Delsor a écrit. Il est matériellement impossible d'identifier aujourd'hui — abstraction faite des « Causeries de la Taverne » — les articles publiés par lui dans les journaux: L'Union d'Alsace-Lorraine, le grand et le petit « Volksbote » et l'Echo d'Alsace et de Lorraine. Pour la Revue catholique la Table des Matières, publiée par le chanoine Schickelé en 1908, rendra de bons services. Sur la question des écoles en Alsace, l'abbé Delsor a publié une étude dans la revue « Les Lettres » de Paris (1924). Ici nous ne noterons que les allocutions qui ont paru séparément. et la traduction française du Catéchisme de Spirago:

1) *Allocution prononcée à Notre-Dame des Trois-Epis*, le 5 juin 1894 (Noces d'argent sacerdotales des élèves du Grand Séminaire de Strasbourg, Cours de 1865—1869). — Rixheim. Sutter, 1894, in-8°, p. 19.

2) *Catéchisme catholique populaire rédigé ... par Fr. Spirago,* traduit sur la 5e édition. — Strasbourg, Le Roux, 1903, in-8°, p. 636. (Cette traduction est aujourd'hui à son 11e édition.)

3) *Recueil d'exemples* appliqués au Catéchisme Populaire, par Fr. Spirago, traduit. — Strasbourg, Le Roux. 1911, in-8° p. 552. (Le Recueil est à sa troisième édition.)

4) *Les Soldats français morts pour la patrie à Wissembourg* 1705—1870. Discours prononcé à l'église de Wissem-

bourg, le 16 octobre 1909. — Strasbourg, Hauss, 1909, in-8°, p. 8.

5) *L'Ecole*. Discours prononcé au Congrès du Centre alsacien-lorrain, tenu à Strasbourg, 23—25 octobre 1910. — Strasbourg, Hauss, 1911, in-8°, p. 19.

6) *Mgr Charles-Emile Freppel, Alsacien*. Discours prononcé à l'occasion de la Translation de son Cœur, le 20 juillet 1921. — Strasbourg, Le Roux, 1921, in-8°, p. 14.

7) *Allocution prononcée à l'occasion du mariage de M. Pierre Franck et de Mlle Maria Gégauff* à l'église de Wittenheim, 1er septembre 1925. — Strasbourg, Le Roux, 1925, in-12, p. 10.

J. GASS.

VI.

LE CURÉ :

L'ABBÉ DELSOR DANS LE MINISTÈRE PAROISSIAL[1]

(Wahlenheim, Nordheim, Marlenheim.)

Au synode diocésain de 1921, l'abbé Delsor releva l'importance des chroniques paroissiales et la nécessité de les rédiger. Ce qu'il demanda à ses confrères, il avait commencé par le pratiquer dès son entrée dans la paroisse de Wahlenheim (10 oct. 1879). En tête il inscrivit en latin un résumé de sa vie: « A été nommé curé de cet endroit pour succéder à M. André Baumuller, admis à la retraite par l'évêque pour raison de santé, l'abbé Nicolas Delsor, né à Strasbourg, en 1847, — dans la paroisse de Saint-Pierre-le-Vieux, — professeur au Petit Séminaire de Strasbourg, en 1869, — ordonné prêtre, en 1870, — après la suppression du Petit Séminaire, en 1874, précepteur à Nantes, — en 1877 vicaire à Colmar. »

Fils de la ville, l'abbé Delsor devait passer tout son ministère paroissial, quarante ans, au milieu des paysans de la campagne. Il avait débuté dans la carrière ecclésiastique, en 1869, comme *professeur au Petit Séminaire de Saint-Etienne,* où il avait fait sa première communion et fait avec éclat ses études secondaires. Le jeune professeur montait avec ses élèves de neuvième en sixième, mais son enseignement fut interrompu dès le commencement par le siège de Strasbourg et définitive-

(1) Nous devons des remercîments à MM. Anstett (Mutzig), Schoch (Wahlenheim), Kandel (Nordheim), Rapp (Truchtersheim) pour les renseignements qu'ils nous ont fournis pour cette partie.

ment arrêté par la suppression de l'établissement, en 1874. C'est que Mgr Ræss n'avait point voulu admettre le contrôle du gouvernement allemand dans ses Petits Séminaires de Strasbourg et de Zillisheim. Il en voulait aussi aux professeurs de Strasbourg, qui avaient signé la protestation du clergé de Strasbourg désavouant le discours malencontreux, que l'évêque-député avait prononcé, le 18 février de la même année, à la tribune du Reichstag à Berlin. L'abbé Delsor n'avait pas seulement signé, mais il avait fait signer cette lettre de protestation, il l'avait envoyé au député Teutsch, et celui-ci lui avait adressé ses remercîments!

Le jeune professeur quitta temporairement le diocèse de Strasbourg, comme d'autres de ses collègues (M. Andrès à Innsbruck, M. Adam Théodore, précepteur dans la famille du ministre Fortoul), pour continuer l'enseignement en qualité de *précepteur dans la famille de Saint-Chamant à Nantes,* originaire de l'Auvergne. Sa vie durant M. Delsor est resté en relations avec ses anciens élèves, qui viennent encore de signer la souscription pour l'érection d'une plaque commémorative en l'honneur de leur ancien maître.

A *Colmar,* où il venait d'être nommé vicaire (1877), l'abbé Delsor fut témoin d'un premier essai d'introduire en Alsace les écoles interconfessionnelles. Le digne curé de Saint-Martin, le chanoine Meyblum, qui se connaissait en hommes, chargea son nouveau vicaire d'y prêcher, en 1879, le carême en français. Avec la population comme avec ses collègues, l'abbé Delsor entretenait les meilleures relations. Quand il songea à procurer à sa paroisse de Wahlenheim le bienfait d'une mission (1881), ce fut son collègue de Colmar, l'abbé Gyss, qui se chargea des sermons. Il n'eut point à le regretter puisque toute la paroisse prit part à ces exercices, si salutaires pour la rénovation religieuse de la paroisse.

Le petit village de *Wahlenheim* (250 âmes) est situé dans la plaine d'Alsace, à une petite lieue au nord de Brumath. Avant la Grande Révolution il était administré par le curé de cette ville. Au XIXe siècle on l'avait érigé en paroisse indépendante et on y avait réuni comme annexe le hameau *Hochstett* (150 âmes). Son prédécesseur André Baumuller, cassé par l'âge et la maladie, avait laissé aller la vie paroissiale à la dérive. Le successeur, jeune, énergique, plein de zèle et de feu sacré, inscrit, dès son entrée, dans sa chronique : « J'ai trouvé le presbytère dans un état misérable, ressemblant plutôt à une étable qu'à une demeure humaine et ce n'est qu'après beaucoup de soucis qu'il a été un peu réparé et j'y suis entré le 10 octobre. L'église était également en souffrance, les ornements, peu nombreux, étaient déchirés et peu dignes du culte divin » (2).

La mission (1881) avait renouvelé l'esprit religieux et la vie chrétienne des paroissiens. Au printemps suivant, la restauration de l'église fut décidée par le Conseil de fabrique. Les frais étaient couverts par une quête faite par le curé à domicile. L'année 1882 vit le renouvellement et la peinture du plafond ; puis on passa au plancher, l'intérieur et le maître-autel furent peints, on acheta un nouveau tapis pour le chœur. En 1887, un Chemin de Croix, don de Mlle Thérèse Dapp, alors à Belfort, fut installé. C'était l'œuvre d'un peintre de Munich, Henri Berg. La bénédiction solennelle fut présidée par l'ancien supérieur du Petit Séminaire, Pantaléon Mury, maintenant chanoine de la cathédrale de Strasbourg. Un ami, l'abbé Grunewald, docteur en théologie et curé de Griesheim, donna le sermon de circonstance.

Le curé se dévouait avec la même fidélité à son annexe Hochstett. L'église fut restaurée et peinte à l'intérieur. Le chemin vicinal, qui y conduisait, était un dimanche matin, par suite de la neige qui était tombée dans la nuit, devenu impraticable pour un piéton. Pour ne point priver ses paroissiens de l'office dominical, l'abbé Delsor se rendit chez le voisin,

(2) « Domum parochialem inveni miserrimæ conditionis, stabulo potius quam humanæ manisoni similem, nonnisi post multas ærumnas tantillum reparatam occupavi die X^e octobris. — Ecclesiæ quoque magna erat ruina. Paramenta quæ quidem paucissima, lacera erant et cultui divino minus digna. »

lui demanda un cheval et à l'heure ordinaire les habitants de Hochstett pouvaient assister à la grand'messe. A partir de ce moment, quand le chemin était barré par la neige, on lui amenait un cheval et les paysans étaient fiers de leur pasteur, qui savait monter à cheval comme eux! Quand il s'agissait d'un devoir à remplir, celui-ci ne reculait devant aucun obstacle. Le recrutement du clergé, l'éveil des vocations religieuses dépend en bonne partie des curés de campagne. M. Delsor n'eut garde de manquer à ce devoir du ministère. Trois des jeunes gens, auxquels il donnait des leçons au presbytère de Wahlenheim, administrent aujourd'hui à leur tour des paroisses: MM. Anstett à Mutzig, Daull à Dinsheim, Mengus à Forstheim.

Le dévouement de l'abbé Delsor ne s'arrêtait point à promouvoir la vie religieuse et spirituelle de ses subordonnés. Il n'admettait point que l'action du prêtre se limitât à l'église et à la sacristie. La liberté des réunions publiques n'étant pas encore garantie par la loi, il réunit les paysans du voisinage, soit à Kriegsheim ou à Wittersheim, dans des granges ou des cours fermés pour les entretenir et les instruire sur des questions de la vie agricole, sociale ou économique dans le monde moderne.

C'est ce souci des intérêts religieux dans la vie publique, qui fit de l'abbé Delsor un collaborateur assidu du nouveau journal catholique de Strasbourg, l'«Union d'Alsace-Lorraine». On affirme même que ce fut un article du curé de Wahlenheim, qui servit de prétexte à la suppression de cette vaillante feuille. Nous disons « prétexte », parce que la suppression des feuilles catholiques, en 1887, était la réponse du gouvernement allemand à l'échec sanglant qu'il avait subi lors des élections du Septennat. A Strasbourg on disait alors que les Allemands avaient été « accablés » (3).

Les classes cultivées du public catholique en Alsace avaient besoin d'une nourriture plus solide et plus relevée que ne pou-

(3) Kablé était le nom du député protestataire victorieux.

vait l'offrir le journal politique. C'est la raison qui fit ressusciter par l'abbé Delsor la « Revue catholique d'Alsace » (1882), dont il accepta la direction et qu'il pourvoyait d'articles de doctrine, de notices bibliographiques et de chroniques politiques. On comprend qu'avec les devoirs du ministère paroissial, l'activité politique et littéraire jointe à une vaste correspondance, le curé de Wahlenheim dut veiller fort tard dans la nuit, pour suffire à tout, et quelques fois les voisins constataient que sa lampe brûlait encore à 1 et 2 heures du matin. Dans les rares moments libres, l'abbé Delsor retournait à sa chronique paroissiale, et à la façon des chroniqueurs du moyen âge il y notait le temps qu'il faisait. En 1879, il inscrit que le froid était tellement rigoureux que non seulement les vignes et les arbres fruitiers périssaient, mais que, le 9 décembre pendant la sainte messe, le précieux sang se glaça dans le calice (4). Au mois de mai 1888, la sécheresse menaçait la moisson, on eut recours à une neuvaine, mais alors, au mois de juillet, la pluie devint tellement abondante, qu'on eut de la peine à rentrer les gerbes et que l'évêque de Strasbourg prescrivit une autre neuvaine pour obtenir du beau temps. Le 14 août 1882, une grêle formidable abîma pendant une demi-heure le blé et surtout les fèves sur les champs du côté de Batzendorf.

Si l'abbé Delsor entretenait les meilleurs rapports avec ses paroissiens et avec les autorités du village, le maire et l'instituteur, il évitait le contact avec les représentants du gouvernement. Le 18 février 1882, le Kreisdirektor (sous-préfet) de Haguenau, le baron Senfft de Pilsach, accompagné d'autres fonctionnaires, était venu conférer dans la salle d'école au maire Michel Kehren, au nom de l'empereur Guillaume, l'ordre de la couronne de la IVe classe, mais le curé était absent (« absente parocho ») !

(4) 1879. Hujus anni hiems fuit rigidissimus adeo, ut IX dec. Protiosissimus Sanguis intra missam gelu captus sit. Perierunt major pars vinearum, pomorum et pyrorum.

Monseigneur Rass était décédé au mois de novembre 1887. Son successeur Mgr Stumpf, jusque-là coadjuteur, était venu visiter dès 1882 son ancien élève dans son village à la campagne. L'abbé Delsor, touché de cette délicate attention, « pleurait de joie comme un enfant » au milieu des démonstrations de sympathie qui accueillaient son ancien supérieur. Lors du jubilé sacerdotal de Léon XIII, le curé de Wahlenheim fit partie de la délégation de prêtres alsaciens que Mgr Stumpf présenta à Rome au Saint-Père (1888, janv.). Sur les instances du Coadjuteur, le pape avait permis de fonder à Strasbourg un Institut théologique avec la faculté de conférer les grades de bachelier et de licencié en théologie. Comme son ami, l'abbé Adam, curé de Saverne, l'abbé Delsor fut choisi pour être membre de ce nouvel Institut. En automne 1888, l'abbé Delsor fut appelé par Mgr Stumpf à administrer la paroisse de Nordheim, où il succéda à l'abbé Hægeli, l'auteur connu des pièces de théâtre « Garcia Moreno » et la « Merowingerpfalz (= Le Palais des Mérovingiens) ».

Nordheim, dans le canton de Wasselonne, est situé aux pieds des derniers contreforts des Vosges. La population (550), mi-paysanne, mi-vigneronne, gagne sa vie en labourant les champs et en cultivant la vigne sur le côteau qui surplombe le village et son église. La nouvelle paroisse avait un avantage sur Wahlenheim, elle était sans annexe. L'abbé Delsor devait y passer une douzaine d'années. Il s'attacha fortement à ses nouveaux paroissiens. « Le défunt, nous écrit l'abbé Kandel, avait toujours une préférence pour Nordheim, qu'il ne cherchait nullement à cacher. Combien de fois je l'ai entendu dire: « S'il n'y avait pas eu mon mandat du Reichstag, vous ne seriez pas à Nordheim. »

En pasteur avisé, le nouveau curé tenait, comme à Wahlenheim et plus tard à Marlenheim, à une bonne entente entre les autorités de la paroisse et de la commune et cherchait à donner à la jeunesse une solide instruction religieuse. Quand, après son élection de député au Reichstag (1898), le curé devait partir par le premier train de Marlenheim pour se rendre à

Berlin, il rassemblait les enfants dès cinq heures du matin à l'église pour leur faire l'instruction religieuse. Si le curé aimait beaucoup ces braves paroissiens, ceux-ci ne l'affectionnaient pas moins. Etait-ce pour son zèle, sa prudence pastorale, sa science ou sa charité d'aider les uns et les autres? Quand, en 1898, le curé de Nordheim fut candidat dans l'arrondissement Molsheim-Erstein, il obtint dans sa paroisse toutes les voix, trois exceptées; même les protestants du village avaient préféré le curé catholique à leur coreligionnaire Grunelius. Successeur de M. Hægeli qui avait construit le nouveau chœur, l'abbé Delsor aurait dû mettre en harmonie chœur, nef et clocher, en remplaçant le plafond de la nef par une voûte, mais l'état des finances de la commune et les moyens techniques de cette époque ne le permettaient point. Quand l'entreprise difficile fut achevée, en 1926, grâce à l'emploi de ciment armé, le chanoine Delsor, en entrant la première fois dans l'église restaurée, éprouva une grande joie et à plusieurs reprises il répéta: « Elle est magnifique! Je suis heureux de n'avoir rien fait! » Ceci n'était pas tout à fait exact, puisque, s'il n'avait pu entreprendre l'œuvre elle-même, il y avait contribué par un don généreux, qui servit à payer un vitrail. Celui-ci perpétuera à Nordheim le nom, les mérites et le souvenir de l'ancien curé, député, sénateur et chanoine.

L'abbé Delsor n'oublia point, après son départ, Nordheim; il prenait volontiers part à toutes les fêtes, à toutes les joies de ses anciens paroissiens jusque dans ses vieux jours. En 1923, il bénissait les nouvelles cloches et en 1926, lors de la fête de la restauration de l'église, il était à la place d'honneur. En toute vérité, on peut affirmer que l'abbé Delsor a toujours joui de l'estime et de l'affection de ses anciens paroissiens catholiques comme des quelques familles protestantes de l'endroit. « D'r Herr Delsor esch e rechter Mann gsin » (5), dit l'un de ces derniers en apprenant la nouvelle de son décès.

---

(5) « Monsieur Delsor était un homme de bien. »

Trois motifs ont décidé M. Delsor, en 1901, à quitter Nordheim pour Marlenheim : le voisinage de la gare, la présence d'un vicaire, le désir du curé défunt de Marlenheim. En effet M. Lerbs avait maintes fois exprimé le vœu d'avoir pour successeur son voisin et ami de Nordheim. L'administration épiscopale ne demandait pas mieux que de satisfaire le désir d'un mourant. Pour remplir ses devoirs de député à Berlin et plus tard à Strasbourg, l'abbé Delsor se voyait forcé d'abandonner ses ouailles, ne fût-ce que pour quelques jours. Le curé pouvait vaquer plus tranquillement à ses obligations de parlementaire, sachant que pendant ses absences il était remplacé dans la paroisse. Enfin la gare du chemin de fer, plus tard doublée d'une gare de tramway, lui facilitait les départs comme les retours.

L'abbé Delsor devait passer dix-huit ans dans sa troisième paroisse. L'œuvre principale, qui retiendra toujours l'attention à l'avenir, est la fondation de l'*Ecole Ménagère*. Le Dr V. Feltz, doyen de la Faculté de Médecine à Nancy, possédait à Marlenheim une maison de campagne (6). Après sa mort, celle-ci fut achetée par le pasteur Ziegelmeyer, qui y installa un établissement de diaconesses. Cette institution n'ayant point d'avenir sur place, le curé qui venait d'arriver dans la paroisse s'ingénia pour la remplacer par une Ecole ménagère. On voulait fournir aux jeunes filles de la campagne l'occasion d'acquérir une formation plus complète et plus solide, en harmonie avec leurs devoirs futurs. Les Sœurs de la Doctrine acceptèrent la direction de la nouvelle école, qui se développait rapidement. Grâce à la donation de la maison Appréderis, on put bientôt y joindre une *maison de retraite* pour des personnes âgées. Le curé, et à son défaut le vicaire, venait deux fois par semaine faire un cours d'instruction religieuse, afin de donner aux élèves une solide formation chrétienne et morale pour la vie. Le grand portrait du fondateur, peint à l'huile par Mlle Caroline Sorg, ornera à l'avenir la salle d'honneur de l'Ecole et

(6) Voir sur ces travaux : Notice sur les travaux scientifiques du Dr V. Feltz. Saverne, Gilliot, 1883.

rappellera aux générations, avec le nom, les traits et les mérites du fondateur.

Malgré les ressources limitées de la commune, le curé réussit à faire construire une nouvelle sacristie, à installer le chauffage et l'éclairage électrique à l'église. Il couronna cette œuvre d'aptation par l'érection d'une grotte de Notre-Dame de Lourdes.

Dans les sermons en chaire, le curé s'appuyait sur les grands prédicateurs français du XVIIe et du XIXe siècle. S'il n'avait guère l'habitude de s'adresser au sentiment de ses auditeurs, l'argumentation serrée, l'exposé clair et précis, la force de sa propre conviction ne manquait de faire impression sur les fidèles. Au catéchisme, l'abbé Delsor savait exposer les vérités et les préceptes de notre religion avec tant de clarté et de simplicité que l'esprit et la mémoire des élèves les saisissaient et les retenaient aisément. C'est à Marlenheim qu'il entreprit la traduction française du *Catéchisme populaire de Spirago* (1903), qui est aujourd'hui à sa onzième édition, suivie de la traduction du *Recueil des Exemples* (1911), qui a eu trois éditions. Quand M. Delsor était retenu à Berlin par son devoir de député, le vicaire le remplaçait au catéchisme et le curé était heureux à son retour de constater que les enfants avaient bien saisi les explications du catéchiste et il ne ménageait point les éloges ni aux enfants, ni à leur maître provisoire.

Le curé de Marlenheim comprenait l'urgente nécessité de grouper les forces catholiques en dehors des temples, afin de les armer et de les préparer pour les luttes de la vie moderne. Il fonda l'*Association des Jeunes Gens* de la paroisse. En attendant mieux, la grange du presbytère fut transformée en salle de réunion et le curé paya de sa bourse les appareils de gymnastique nécessaires. On se rappelle le succès qu'eut l'abbé Delsor avec ses hommes et la musique de Marlenheim en 1905, lors du grand Congrès des Catholiques à Strasbourg. Dans le cortège de 40.000 hommes qui traversait alors les rues de la capitale, personne ne fut applaudi comme l'abbé Delsor avec ses paroissiens et sa musique. Après avoir reconstitué le chœur des chantres, il venait de fonder, peu avant la guerre, l'*Association des Hommes Catholiques* de Marlenheim avec ses deux sections: musique et chant. L'œuvre était encore trop jeune pour résister à l'épreuve terrible de la guerre mondiale.

Pendant tout son séjour à Marlenheim, l'abbé Delsor n'eut que deux *vicaires*, les abbés *Munsch et Rapp,* avec lesquels il entretenait les meilleures relations pendant leur vicariat et quand ils furent devenus à leur tour administrateurs de paroisses. Le curé de Marlenheim savait encourager les jeunes prêtres, les poussait aux études et ne leur ménageait point, à l'occasion, les éloges mérités. Depuis qu'il était député, M. Delsor avait fondé, en 1898, en union avec son collègue futur au Reichstag, Ch. Hauss, le petit et le grand « *Volksbote* ». L'abbé Rapp lui était un grand secours dans la rédaction du petit « Volksbote », au moment où la grande édition avait déjà cessé de paraître.

Malgré ses occupations multiples, le curé de Marlenheim était toujours prêt à rendre service à ses confrères, à accepter des sermons d'occasion, à parler dans les assemblées populaires, notamment dans celles du « Volksverein ». Aux réunions des confrères, notamment dans le canton de Wasselonne, les discussions ne tarissaient point. Le curé de Marlenheim émettait son avis sur les événements et sur les personnes, et ses idées n'étaient pas toujours partagées par tous les assistants. Celui-ci ne le demandait pas, parce que, quelle que fut l'ardeur de ses convictions et la vivacité de son tempérament, la liberté qu'il revendiquait pour lui-même, il la respectait chez les autres. Tous étaient convaincus que l'interlocuteur ne voulait servir que la vérité et la justice, la religion et la liberté.

Lorsqu'en été 1914 éclata la conflagration générale, tant redoutée en Alsace, l'abbé Delsor se vit atteint dans ses triples fonctions de parlementaire, de journaliste et de curé. L'encombrement des trains empêcha les députés alsaciens-lorrains d'arriver à temps à Berlin pour prendre part à la fameuse séance du Reichstag, où l'on vota les crédits de guerre, et de participer à un vote qui répugnait à leurs convictions intimes

La décoration à Strasbourg par M. Millerand (1919).

et qui menaçait de faire de leur pays encore une fois le champ de bataille de l'Europe. Si le curé de Marlenheim retourna à Berlin, en 1915, c'était plutôt pour profiter de la liberté de circulation, afin de rendre visite et service aux compatriotes exilés à Ludenscheid, à Wurtzbourg ou à Munich. Dès 1916, l'abbé Delsor ne reparut plus au Reichstag. Avait-il le pressentiment que l'issue de la guerre mettrait fin à l'exercice ultérieure de ce mandat parlementaire?

Le premier fait glorieux de la guerre en Alsace-Lorraine fut la suppression de tous les journaux catholiques! Grâce à l'intervention de l'administration civile, les journaux allemands purent reparaître, mais ils restaient muselés par une censure mesquine. La « Revue catholique d'Alsace » disparut une seconde fois et le petit « Volksbote », pour ne point la suivre dans la tombe, dut chercher un refuge à l'« Alsatia » de Colmar. On aurait tort de vouloir chercher dans ses colonnes la pensée de son ancien directeur. Celui-ci était tenu à une grande réserve comme parlementaire et comme curé, réserve difficile à pratiquer pour une nature de feu, mais imposée rigoureusement par la situation pénible et délicate que la guerre avait créée au pays.

Si la mobilisation des réservistes, appelés sous les drapeaux allemands, avait fait le vide dans la paroisse et porté le désarroi et l'angoisse dans les familles de Marlenheim, quelques jours plus tard des régiments de Strasbourg et d'outre-Rhin occupèrent la contrée et l'état-major du général Deimling s'établit au presbytère du curé Delsor. C'était un poste d'observation et selon les nouvelles qui parvenaient de la frontière, on pouvait jeter les troupes soit dans la vallée de la Bruche, soit au col de Saverne. Quatre années plus tard, au mois de novembre 1918, un autre état-major prenait quartier au même presbytère. Le long cauchemar, qui avait pesé si lourdement sur le curé et ses paroissiens, était terminé. Le vieux coq gaulois, furieusement attaqué, s'était si bien défendu que l'orgeilleux aigle germanique gisait pantelant par terre. Le curé de Marlenheim s'était rendu au-devant de l'armée victorieuse, à Wasselonne, pour y saluer le retour au pays du drapeau tricolore. Et sur la place publique de Wasselonne, le colonel français, quand on lui présenta l'abbé Delsor, embrassa avec effusion ce prêtre incarnant la fidélité du clergé alsacien. Et la réception, le 19 novembre, à Marlenheim, fut triomphale. Le curé, le maire, l'instituteur, la population tout entière étaient là pour témoigner leur bonheur, leur gratitude aux libérateurs, représentés par le 7e régiment du génie. Quelques mois plus tard, le Haut-Commissaire de la République, M. Millerand, venait rendre visite au curé de Marlenheim dans son humble presbytère.

Celui-ci préparait son départ de Marlenheim. Il avait atteint pendant la guerre ses soixante-dix ans. C'est le terme assigné par le psalmiste pour la vie de l'homme (7). La résolution avait été prise pendant la guerre par l'abbé Delsor, de se décharger de la responsabilité du ministère paroissial sur des épaules plus jeunes.

L'abbé Delsor, malgré son tempérament fougueux, avait la conscience délicate, presque scrupuleuse. Formé autrefois au Grand Séminaire, sous la direction des Mechler, Sattler, Schott, à une piété ferme et solide, guidé par une théologie éclairée, sa conduite privée et publique s'était toujours inspirée des principes de l'Evangile. Plein de déférence pour les représentants de la hiérarchie ecclésiastique, plein de charité pour ses confrères, il était toujours disposé à leur rendre service comme à ses paroissiens. C'est dans ses exercices de piété, c'est dans la pratique de la méditation, au saint sacrifice de la messe, dans la récitation du bréviaire, dans la dévotion à Marie, par la récitation fidèle du chapelet, qu'il faut chercher la raison et l'explication de sa fidélité persévérante au devoir religieux et patriotique, de sa simplicité et bonté dans les relations, de son dévouement inlassable aux âmes et à son pays.

J. GASS.

(7) « Dies annorum nostrorum septuaginta anni. Si autem in potentatibus, octoginta anni et amplius eorum labor et dolor. » Ps. 89, 10.

VII.

LA RETRAITE :

VERTE VIEILLESSE, MALADIE OPINIÂTRE, ÉMOUVANTES FUNÉRAILLES.

Le 5 février 1927, Mgr Kretz, vicaire général, installait au chœur de la cathédrale de Strasbourg le successeur du chanoine L. Ehrhard. Dans l'allocution qui précédait l'acte solennel, il rappela qu'avant la Grande Révolution, pour être reçu membre du grand chapitre, le candidat devait appartenir à une famille illustre et faire la preuve de plusieurs quartiers de haute noblesse. Si le récipiendaire, l'abbé Delsor, ne comptait point dans sa famille des ancêtres célèbres, il avait gagné par l'intégrité de sa vie, consacrée à toutes les causes nobles, ses quartiers de noblesse comme prêtre et comme curé, comme parlementaire et comme journaliste catholique. Cette cathédrale, à l'ombre de laquelle il était né et avait reçu sa formation classique et théologique, dans laquelle il avait été ordonné prêtre, devait abriter ses derniers jours. Comme tout vrai Strasbourgeois, il avait porté au fond de son cœur la nostalgie de ce temple, chaque fois que les circonstances l'en avaient éloigné et que la pointe de la tour avait disparu à l'horizon.

Une des premières nominations de chanoines honoraires faites par Mgr Ruch avait été celle de M. Delsor (1920). Le commissaire général, M. Millerand, sur la place Kléber à Strasbourg, lui avait épinglé la croix de la Légion d'honneur (1919). Déchargé de la paroisse de Marlenheim, le chanoine Delsor occupait à Strasbourg, depuis le mois d'octobre 1919, un modeste logement dans la rue du Général de Castelnau (N° 5).

Si ses amis et lui-même avaient espéré qu'il pourrait y jouir d'un long « otium cum dignitate », on a été détrompé bien vite. Le mandat de sénateur nécessitait des voyages et des séjours fréquents à Paris. Et combien de démarches étaient à faire, en dehors des séances au Sénat, dans les ministères et dans les bureaux, non seulement dans la capitale, mais à la préfecture et au gouvernement militaire à Strasbourg. L'après-guerre, le retour des provinces annexées à la mère-patrie avaient soulevé tant de questions: passe-ports, naturalisations, pensions, valorisation, licences, dommages de guerre, etc. Et notre sénateur du Bas-Rhin trouvait partout bon accueil, sans réussir toujours à contenter les quémandeurs, électeurs et autres. Avec un groupe nombreux de parlementaires français il prit part à Rome à la solennité de la canonisation de Jeanne d'Arc (1920, 13 mai).

A Strasbourg, les réunions, les conférences religieuses et patriotiques, intellectuelles, sociales et politiques se suivaient presque sans interruption. L'abbé Delsor regardait comme un devoir d'y assister, d'encourager par sa présence, sinon par sa parole, tous les efforts qui étaient faits pour la réadaptation à la vie chrétienne et nationale de l'après-guerre. Rappelons, à titre de mémoire, la part qu'il a prise au synode diocésain (1921), son panégyrique de Jeanne d'Arc à la cathédrale de Strasbourg (1927), l'allocution à la fête religieuse du 6e Colonial (1921), le discours au Palais des Fêtes, lors de la Translation du Cœur de Mgr Freppel (1921), celui de la distribution des Prix au Collège Saint-Etienne (1922) (1). L'abbé Delsor était vice-président de l'Amicale des anciens élèves de Saint-Etienne, il présida la fête de l'inauguration de la maison du

(1) Jusqu'à sa mort, l'abbé Delsor fournissait chaque année pour une centaine de francs des livres de Prix au collège Saint-Etienne. Il avait conservé avec une piété religieuse les Prix qu'il avait reçus lui-même dans cet établissement de la cinquième à la rhétorique. Nous y trouvons les « Lettres de Fénelon à un jeune homme; — le Déisme réfuté par lui-même, de Bergier; — la Défense du Christianisme par Frayssinous, etc.

Cercle Ozanam des étudiants catholiques de l'Université de Strasbourg.

Quand on organisa en 1921 les premières pétitions des pères et mères catholiques pour la conservation des écoles primaires confessionnelles en Alsace et en Lorraine, M. Delsor fut parmi les délégués choisis pour transmettre cette demande au Commissaire général. Lors du mouvement de protestation contre l'introduction des lois laïques, dont le gouvernement de M. Herriot voulait gratifier notre pays (1924), notre sénateur était parmi les orateurs qui dans les réunions, à la ville comme à la campagne, faisaient valoir les revendications de la liberté politique comme de la conscience chrétienne. Lorsqu'en 1925 le gouvernement, à l'encontre de la loi, autorisa l'école interconfessionnelle à Colmar, l'abbé Delsor, retenu à Strasbourg par la maladie, adressa au président du Conseil des ministres une lettre ouverte (Revue cath. 1925, p. 132), accusant M. Herriot d'avoir manqué à sa parole solennellement donnée. En guise de conclusion, on pouvait y lire: « Vous refaites (à Colmar) ce que les Allemands avaient fait peu de temps après l'annexion, ce qui prouve que votre laïcisme n'est pas une efflorescence du pur génie français. »

A Paris, notre compatriote se rencontrait tous les matins, à l'église paroissiale de Montrouge, avec l'abbé Bordron, le zélé secrétaire de l'Œuvre du franc de la Presse, conférencier et journaliste réputé. L'Alsacien et le Vendéen échangeaient leurs vues et leurs expériences sur la nécessité inéluctable de mieux organiser la presse et le peuple catholique pour les luttes de l'avenir. Malgré son âge, le sénateur Delsor, par la plume et la parole, seconda le mouvement d'organisation entrepris à l'intérieur par la Fédération nationale des Catholiques de France (2).

---

(2) Notre compatriote a parlé en 1926 à une grande réunion à Clermont en Auvergne, où l'évêque Mgr Marnas l'avait invité. Notre sénateur fut « le grand triomphateur de la journée. Les montagnards d'Auvergne saluèrent en lui avec des acclamations enthousiastes les provinces reconquises ». Dès 1924 il avait pris part à une réunion à Aurillac.

A Strasbourg, le vieillard disait tous les matins de bonne heure la sainte messe et distribuait la sainte communion à l'église de Saint-Pierre-le-Vieux. Quand son compatriote et ami de vieille date, l'abbé Kuhn, d'Odratzheim, fut retenu de longues semaines à Paris, par suite d'un accident de chemin de fer, il officia tous les dimanches à la paroisse et à l'annexe de Scharrachbergheim. Entre temps les atteintes de la vieillesse se faisaient sentir. Les premiers mois de 1925, une grippe maligne, empêchait le sénateur de prendre part aux débats du Sénat. Sa vigoureuse constitution reprit le dessus. Au mois de décembre, il prononça à Mutzig l'oraison funèbre du doyen du chapitre de la cathédrale, Mgr Schickelé, ancien vicaire de Colmar, son confesseur durant les dernières années et collaborateur assidu de la Revue catholique d'Alsace. Une année plus tard, il improvisa à Strasbourg-Neudorf l'oraison funèbre de l'abbé Kuhn d'Odratzheim, son ami intime.

Dans le discours d'installation, le vicaire général avait ajouté: « L'histoire nous enseigne que dans le chapitre de la cathédrale les nonagénaires avaient encore droit de cité et que tous les confrères lui souhaitaient d'y passer encore de nombreuses années. Le nouveau chanoine comptait 79 ans et il ne demandait pas mieux que de remplir consciencieusement les devoirs de sa nouvelle charge. Deux fois par jour on le voyait traverser la place Broglie pour prendre part à l'office de la cathédrale. Mais dès la Semaine Sainte, le nouveau chanoine ne put suivre les processions à la crypte. A la fête de Jeanne d'Arc, l'octogénaire monta encore deux fois dans la chaire de la cathédrale pour prononcer le panégyrique de la sainte héroïne lorraine. C'est mon « chant de cygne », dit-il en descendant (3).

(3) Avec le professeur Marbach du Grand Séminaire, il avait été chargé un demi-siècle plus tôt, comme jeune professeur du collège Saint-Etienne, des sermons français à la cathédrale. Dans ses papiers nous avons retrouvé les manuscrits de vingt sermons. Aux fêtes nationales de Jeanne d'Arc à Rouen, en 1922, le chanoine Delsor avait déjà prononcé le panégyrique de la Sainte nationale. La même année le vit dans la chaire de la basilique du Sacré-Cœur à Montmartre (nov. 1922).

Le 10 août, son médecin, le Dr Kien, lui prescrivit quelques semaines de repos. Il eut encore la visite de ses amis de Belgique, mais il ne put plus les reconduire à la gare. Le 5 octobre, à l'occasion de ses 80 ans accomplis, le jubilaire reçut des vœux de tous côtés; mais dès lors, pour trouver un peu de repos dans la nuit, le médecin dut faire au malade des injections de morphine. Un examen aux rayons X à l'Hôpital municipal fit constater une fêlure de l'os de la hanche droite. Malgré les douleurs et la dépression physique, le malade s'intéressait encore aux événements du jour. Avec sa main défaillante il voulut encore rédiger l'article nécrologique de M. Maurice Schæffer, le président des proscrits d'Alsace, l'auteur spirituel des « Souvenirs d'exil » qui avaient tant intéressé les lecteurs de la Revue catholique. Malgré les douleurs lancinantes de cette maladie, qu'il qualifiait lui-même d'« opiniâtre », M. Delsor était resté debout.

Fatigué le soir de la fête de Saint-Nicolas, son patron, le vieillard dut garder le lit pour ne plus se relever. La maladie venait de se compliquer d'une grippe dont les soins dévoués de sa cousine Marie Starck, d'une Sœur de Niederbronn et la sollicitude du Dr Kien ne purent arrêter le cours. Dès que la gravité du cas fut connu, le chanoine eut les visites de ses amis, des collègues du chapitre, de Mgr l'évêque, du préfet, du gouverneur militaire de Strasbourg, du général Reibell, etc. Le malade reçut les derniers sacrements dans la matinée du 12 décembre, en pleine connaissance, répondant lui-même aux prières du curé de Saint-Pierre-le-Jeune. Les affaires terrestres, il les avait réglées de longue date. La dernière visite avec laquelle, malgré sa faiblesse, le malade avait pu s'entretenir, avait été celle de M. Borromée, préfet du Bas-Rhin. Du samedi au mardi, 20 décembre, il était à l'agonie. Dans l'après-midi de ce jour, voyant la fin s'approcher, on avait récité les dernières prières de l'Eglise pour un agonisant. A 5 et 8 h. du soir, de petites crises annoncèrent l'approche de l'heure décisive, à 11 heures du soir, le chanoine Delsor rendit sa belle âme à Dieu. La miséricorde divine venait de la transporter dans un monde meilleur. Strasbourg et l'Alsace, l'Eglise et la France perdaient un serviteur fidèle!

Ses *funérailles* émouvantes furent un témoignage de l'estime et de la sympathie dont jouissait le chanoine Delsor dans tous les milieux de la population.

« L'Alsace patriote. l'armée et le clergé d'Alsace ont fait. à M. le chanoine Delsor. ancien Député de l'Alsace annexée au Reichstag et ancien sénateur du Bas-Rhin, d'émouvantes funérailles. Ces funérailles ont été d'autant plus touchantes que, du commencement à la fin, elles se sont déroulées dans un cadre de grande simplicité qui correspondait si bien au désir et à tout le genre de vie du regretté disparu.

Le cortège funèbre s'est formé. avant 9 h.. devant la maison mortuaire, rue Général de Castelnau. De là, le long convoi s'est déroulé à travers la rue de la Fonderie. la place Broglie. la rue du Dôme pour aboutir à la Cathédrale.

En tête du cortège marchait une forte délégation du Collège Saint-Etienne. composée des élèves des trois classes supérieures. avec la bannière cravatée de crêpe. une délégation des « Jeunesses patriotes » et une délégation du Cercle Ozanam, avec son drapeau.

Puis venait le corbillard. accompagné d'une garde d'honneur formée de MM. les chanoines Wendling. Vierling, Schmitt et Adloff, ainsi que de M. le Dr. Kien et de M. Keller, ces deux derniers en leur qualité de marguilliers de la Cathédrale.

Derrière le cercueil deux soldats portaient la magnifique couronne offerte au vaillant protestataire. titulaire de la Médaille de 1870. par le corps des officiers de la garnison de Strasbourg. puis la couronne envoyée par les sénateurs à leur ancien collègue. D'autres couronnes avaient encore été offertes par M. Paul Valot. directeur général des Services d'A.-L., par M. Borromée. préfet du Bas-Rhin. qui tenait M. Delsor en une estime toute particulière. par l'Amicale des Anciens Elèves du Collège Saint-Etienne. avec la dédicace « A son vénéré Vice-Président » : par les Jeunesses Patriotes : « Au grand patriote alsacien ».

Le deuil était conduit par MM. Kretz, Kolb, Vuillard, vicaires généraux du diocèse, et par M. le chanoine Clad, ami intime du défunt. Au premier rang marchaient M. Borromée, préfet du Bas-Rhin, et M. Tardif, chef de Cabinet de M. Valot, directeur général des Services d'A.-L. à Paris. Suivaient M. Susini, préfet du Haut-Rhin, M. Peirotes, député-maire de Strasbourg, M. de Leyritz, sous-préfet de Strasbourg-Campagne ; M. Golliard, secrétaire général de la Préfecture du Bas-Rhin ; M. Pfister, recteur de l'Académie ; M. Siben, premier président de la Cour d'appel de Colmar ; M. Fachot, procureur général ; M. Rencker, président du Tribunal de 1re instance à Strasbourg ; M. Deloigne, procureur de la République; M. Naegert, président du Tribunal cantonal, gendre du député protestataire Gilliot ; MM. les doyens Beudant et Duquesne, M. Carré de Malberg et divers autres professeurs de l'Université ; Me Burger, bâtonnier de l'Ordre des avocats du barreau de Strasbourg ; M. Pader, ingénieur en chef, représentant M. Bauer, directeur des Chemins de fer d'A.-L. ; M. Guy Ropartz, directeur du Conservatoire de Musique ; M. Lamarche, proviseur du Lycée Kléber, etc.

Parmi les nombreux représentants du clergé, nous citerons Mgr Adam, vicaire général de Paris ; M. le chanoine Issenhart, ami intime et fidèle collaborateur du regretté défunt ; M. le chanoine Gass, son adjoint à la *Revue Catholique d'Alsace ;* MM. les curés des diverses paroisses de Strasbourg; M. le curé Rapp, recteur de Truchtersheim, qui fut le dernier et très dévoué vicaire de M. Delsor, à Marlenheim, qui resta son confident jusqu'à la fin ; M. l'abbé Hincky, directeur des Oeuvres diocésaines, etc.

L'armée était brillamment représentée aux obsèques. La délégation du corps des officiers se composait de MM. les généraux Boichut, gouverneur militaire ; de Pouydraguin, ancien gouverneur ; Tanant, Randier, Fetter, Reibell, Faès, de Cointet, de Marmiès, Zopf, Bouchez, du colonel Bourgine et d'une trentaine d'autres officiers supérieurs.

Les parlementaires, anciens parlementaires et autres membres d'assemblées élues étaient nombreux dans le cortège. Il y avait là M. le comte de Leusse, qui représentait officiellement le Sénat : MM. Gegauff et Diebold-Weber, sénateurs : MM. Pfleger, Oberkirch, Frey, Seltz, Walter, Brom : M. Brogly, ancien député ; M. Heinrich, ancien membre du Landtag : M. Weydmann, conseiller général du Bas-Rhin. Le Conseil général du Haut-Rhin avait délégué M. André Bockel et M. l'abbé Haegy.

Parmi les personnalités strasbourgeoises, nous avons noté la présence de MM. Mury, directeur général, et Ch. Roth, directeur de l'imprimerie Le Roux et Cie : MM. Kien, Mennrath, A. Metz du Cercle Catholique, etc. Le Souvenir Français et l'Association des Proscrits d'Alsace avaient délégué MM. René Baumeister, vice-président, et J.-B. Vetter.

De nombreux journalistes avaient tenu à accompagner leur vénéré doyen à sa dernière demeure. Notre directeur, M. J.-A. Jaeger, empêché, avait tenu à déléguer deux membres de la rédaction. Etaient présents en outre : MM. Paul Bourson, Charles Haenggi, Th. Lemblé, A. Sidel, qui s'honoraient tous de l'amitié de M. Delsor : MM. Erichson, Crabbé, etc.

Il y a lieu de relever tout spécialement que les communes de Marlenheim, Nordheim et Wahlenheim, dont M. l'abbé Delsor a été autrefois curé, avaient tenu à envoyer, chacune, une délégation spéciale : curé, maire, adjoint, membres du Conseil de fabrique.

La famille était représentée par Mme Delsor, arrière-cousine du défunt et, à notre connaissance, sa seule parente. N'oublions pas, enfin, de mentionner la présence de Mlle Marie Stark, la dévouée gouvernante, qui a soigné le cher chanoine avec une sollicitude vraiment filiale. Dans la partie féminine du cortège, on remarquait notamment des délégations des diverses Congrégations religieuses de Strasbourg, à leur tête, celle des Sœurs de Niederbronn, qui avaient donné leurs inlassables soins à M. Delsor pendant sa longue et douloureuse maladie.

A l'entrée de la Cathédrale, la levée du corps fut faite par Mgr Muller-Simonis, entouré des membres du Chapitre, de N. N. S. S. Kolb, Kretz, de M. le chanoine Vuillard, tous trois vicaires généraux ; de Mgr Jost, de Mgr Fahrner et de

M. l'archiprêtre Riehl. La messe fut chantée par Mgr Muller-Simonis, en sa qualité du doyen du Chapitre. Mgr Ruch assistait sur le trône épiscopal à la cérémonie et donna lui-même l'absoute solennelle. Les émouvants chants de la messe des morts furent exécutés avec beaucoup de sentiment et une merveilleuse précision par la maîtrise de la Cathédrale.

A l'issue de l'office religieux, le cortège se reforma et se dirigea vers le cimetière Saint-Gall, où la dépouille mortelle de M. le chanoine Delsor repose près de la tombe de ses parents. Selon le désir formel du défunt, aucun discours ne fut prononcé.

Après avoir aspergé d'eau bénite le cercueil, nous avons dit un dernier adieu au vénéré doyen de la presse d'Alsace, au vaillant défenseur de nos libertés sous la domination de l'étranger, à l'impavide champion de l'idée française en Alsace, ... jusqu'au jour du revoir dans un au-delà meilleur.

En attendant, que la maternelle terre d'Alsace soit légère aux restes périssables de son fils illustre qui l'a si ardemment aimée et défendue » ! *(Journal de l'Est* 1927, 24 déc.).

J. GASS.

ALLOCUTION DE M. LE DÉPUTÉ PFLEGER.(1)

Monsieur le Chanoine Delsor, qui vient d'être enlevé, à notre affection, a non seulement vécu, mais incarné l'histoire de l'Alsace catholique et patriote depuis l'année terrible.

Toujours sur la brèche, depuis plus de 50 ans, pour la défense des libertés civiles et religieuses de son peuple, il a été le symbole du patriotisme le plus ardent, associé à la fidélité la plus absolue à l'Eglise, dont il était le prêtre zélé. Sorti du peuple, M. Delsor est resté, pendant toute sa vie, l'homme du peuple.

Attaché par toutes les fibres de son cœur chaud aux petits, aux travailleurs des villes et des campagnes, il défendait leurs intérêts matériels et spirituels avec toute la fougue de son tempérament impulsif, mais il avait pris en horreur les démagogues et les profiteurs, et les fustigeait en toute occasion avec sa vivacité caustique. C'est que les qualités prédominantes de cette nature d'élite étaient l'indépendance, le désintéressement, l'intégrité. Doué des dons les plus remar-

(1) Le député J. Pfleger, ami de longue date du regretté défunt, avait été chargé par ses collègues de la Chambre et de l'Union Nationale Populaire d'exprimer à l'enterrement sur la tombe ouverte leurs regrets et leurs sympathies. Le chanoine Delsor ayant par son testament manifesté le désir qu'on s'abstînt de tout discours au cimetière comme à l'église, sa volonté fut scrupuleusement respectée. M. le député Pfleger nous a autorisé de reproduire ici le texte de l'allocution qu'il avait préparée.

quables de l'esprit, armé d'une culture presque encyclopédique qu'il s'était acquise par un travail infatigable, M. Delsor aurait pu prétendre aux postes les plus avantageux, et il les aurait remplis avec distinction.

Il a préféré passer la plus grande partie de son existence dans de petites paroisses rurales, qui lui permirent de mener la vie indépendante dont il avait besoin, et il n'a jamais renoncé à ses convictions, si désagréables fussent-elles à certaines puissances du jour.

Dès le commencement de sa carrière sacerdotale, les événements de la vie publique s'étaient emparés de lui, et, faisant abstraction des conséquences fâcheuses que son attitude pouvait entraîner pour son avenir, il allait toujours de l'avant, en n'écoutant que les appels de sa conscience.

M. Delsor était fait pour la vie publique! Orateur populaire entraînant, qui n'avait pas d'égal pour enflammer les masses dans une réunion publique, il était surtout polémiste. et ceux qui ne l'ont pas connu la plume à la main, ne savent pas ce qu'était cet incomparable écrivain.

Dès 1870, il commença sa carrière de journaliste, et il s'était bientôt fait une place distinguée parmi ses collègues.

Et pourtant quelle belle phalange de prêtres-journalistes l'Alsace d'alors avait fournie, et qu'il était admirable *notre clergé alsacien après l'annexion!*

MM. Winterer, Simonis, Guerber, Cetty, Mury, Spitz, Straub, Korum, Marbach, Gapp, bientôt suivis par MM. Wetterlé, Issenhart, Stœffler, Sipp, Metz et d'autres qu'il serait trop long d'énumérer, mirent leur plume au service de leur pays, malgré toutes les menaces de la dictature prussienne.

Parmi ces noms brillants, M. Delsor devenait bientôt un des premiers, et maniant sa plume tout aussi bien dans la langue de Bossuet que dans celle de Gœthe, écrivant avec la même aisance encore le dialecte strasbourgeois dans ses « Causeries du vieux pontonnier » qui eurent un succès prodigieux, il ne tarda pas à être considéré comme le champion de nos revendications politiques et religieuses.

Comme tel, il restera dans l'histoire une de nos grandes figures alsaciennes. Il ne séparait pas les intérêts religieux de la population de ses intérêts matériels, et, prêtre tout en étant journaliste, il défendait avec une intrépidité inlassable les assises de la civilisation chrétienne:

Dieu, la patrie, l'autorité, l'ordre, la famille, la justice sociale.

Prompt à l'attaque et à la riposte, il avait le culte passionné de la *Vérité*, il voyait de suite la fausse position de son adversaire et se jetait sur lui avec toutes les armes que lui fournissait une forte culture théologique, philosophique, historique — et grammaticale.

M. le Chanoine Delsor avait dans son cœur deux passions qu'il servait avec tout le dévouement d'un preux:

L'*Eglise* et la *France chrétienne*.

Il a contribué, pour une large part, à organiser l'opposition antiallemande parmi notre population et à y entretenir la flamme du souvenir.

Par la plume et la parole il a lutté, avant la grande guerre, pour le maintien de l'indépendance du parti catholique alsacien et contre son adjonction au Centre allemand, et il a été après l'armistice un des fondateurs de l'Union populaire républicaine nationale, dont il a aidé à rédiger le programme initial.

Au Conseil National, qu'il présidait, il a salué en décembre 1918 d'un cœur enthousiaste le retour à la mère-patrie, à la France généreuse et victorieuse, au foyer délaissé, et c'est lui qui, à cette occasion, a proclamé pour la première fois et en des envolées sublimes « que le référendum était fait ».

Français jusqu'au fond de l'âme, il s'est toujours inflexiblement défendu de toute solidarité avec le mouvement autonomiste, prétendant avec pleine raison, dit un de ses amis les plus intimes, que nos intérêts temporels et religieux ne sauraient être sauvegardés avec honneur et succès que sur le terrain français.

Aussi fut-ce l'une des épreuves les plus douloureuses de sa vie lorsqu'il fut expulsé de France sous le gouvernement néfaste de M. Combes, et la Providence avait bien arrangé les choses en lui procurant la satisfaction de siéger au Sénat justement à côté de celui qui lui avait infligé un affront impardonnable.

Son élection comme Sénateur du Bas-Rhin fut le couronnement triomphal de sa vie publique, et quoiqu'ayant déjà été envoyé par la confiance de son peuple au Parlement d'Alsace-Lorraine et au Reichstag, à une époque où il y avait plus de danger que de profit à se jeter dans la tourmente, il considérait le mandat sénatorial comme le plus beau témoignage de gratitude de ses compatriotes, pour lesquels il s'était dépensé sans compter.

Souvent incompris et combattu, il souffrait beaucoup de ces incompréhensions, et, écarté de la liste des candidats pour le Sénat, lors des dernières élections de renouvellement, il avait dit adieu à la vie politique, suivi de l'affection et de la vénération de tous ceux qui avaient le cœur bien placé et qui savaient apprécier la conviction et l'esprit d'indépendance du vieux lutteur indomptable.

Dieu nous l'a pris et a mis une fin à cette existence qui n'avait jamais connu de repos. R. I. P.

Si j'étais appelé à choisir l'épitaphe pour le cher et vénéré défunt, je serais très court et dirais tout simplement :

« Ici repose en Dieu
Nicolas Delsor,
Prêtre et journaliste. »

Ces deux termes résument à merveille toute sa vie et répondent à ce qu'il a été en réalité :

Un *prêtre* qui était *l'honneur du clergé :* un *journaliste* qui était *un maître,* devant lequel tous s'inclinent respectueusement.

Dr PFLEGER,
Député du Haut-Rhin.

VIII.

DOCUMENTS :

VOIX DE LA PRESSE.(1)

A. Journaux d'Alsace et de Lorraine

Le Journal de l'Est, Strasbourg (21 déc.) sous le titre « *Une grande perte pour l'Alsace française* », écrit :

Une grande force mise depuis environ cinquante ans au service de l'idée française en Alsace vient de disparaître. Et aujourd'hui, où les hommes de caractère sont si rares dans la vie publique et où notre pays en aurait un besoin si pressant, cette perte nous paraît doublement cruelle et presque irréparable.

M. Delsor. dont l'Alsace française avait, il y a peu de mois, commémoré avec une juste fierté, le 80° anniversaire de naissance. et dont la robuste santé à la veille de ce rare jubilé avait fait présumer le vénéré octogénaire comme invulnérable à la morsure des années, vient de s'éteindre à son domicile, 5, rue du Général de Castelnau, après une très douloureuse maladie qui a fait éclater aux yeux de tous ceux qui lui ont rendu visite au cours des dernières semaines, toute la force de caractère et toute la sérénité d'âme du noble vieillard.

Aucune plainte, quelque fondée qu'elle eût été, ne sortit de sa bouche : il ne garda aucune rancœur contre ceux qui l'avaient abreuvé de fiel surtout dans la dernière année de sa laborieuse existence....

La dernière recommandation que M. le chanoine Delsor m'ait faite lors de mon ultime visite, est celle-ci : « Priez bien pour moi, cher ami, car j'ai besoin d'une très grande patience; je souffre parfois de douleurs atroces et à tel point lancinantes qu'elles ne me laissent plus fermer l'œil ».

(1) Dès le lendemain du décès du chanoine Delsor, les journaux de Strasbourg comme ceux de Paris, de la France et de la Belgique, sans distinction de parti, ont publié des articles nécrologiques élogieux pour le prêtre patriote disparu. Ne pouvant les reproduire in extenso, nous croyons devoir donner de larges extraits.

Aujourd'hui, le cher doyen de la presse d'Alsace a fini de souffrir : il repose dans la paix du Seigneur.

Pendant quatre-vingts ans, le vaillant vétéran de nos luttes politiques et religieuses a ainsi combattu le bon combat ; le Christ, au service duquel il avait voué sa vie, l'a rappelé à Lui pour lui donner, dans un au delà meilleur, la récompense promise au serviteur fidèle et vigilant. Avant que l'on confie à la terre maternelle d'Alsace la dépouille mortelle de celui qui a bien voulu être pour moi un ami et souvent un guide, il me reste à aller m'incliner devant son cercueil, pour y déposer, avec ma confiante prière pour le repos de l'âme du cher trépassé, un modeste bouquet de violettes. Ce sera un faible, mais très cordial témoignage de l'inaltérable attachement que je garderai jusqu'à mon dernier jour à ce lucide conseiller qui m'a toujours montré le chemin du devoir chrétien et de l'honneur. — A. S.

⁂

L'Avenir alsacien ('s Elsass), Strasbourg (21 déc.) :

Des liens de profonde affection nous attachaient au chanoine Delsor. Nous l'aimions, nous le vénérions ; et cette affection, cette estime, il nous les rendait de tout cœur. Il applaudissait à nos efforts. Notre organe entrait si bien dans la ligne de sa pensée fidèle à l'authentique Alsace. La cause que nous défendons fut la sienne.

Notre Alsace, il l'aima, il l'aima d'un amour profond, mais il l'aima française....

Nul ne fut plus âpre pour dire leur fait aux pouvoirs publics, nul plus impétueux pour foncer sur les abus, stigmatiser les incohérences gouvernementales. Mais ces critiques, M. Delsor ne les faisait qu'à bon escient, en homme qui veut porter remède à un mal, et non en mauvais Français qui veut envenimer une situation.

Maintenant que M. Delsor disparaît de la scène alsacienne, on aperçoit mieux tout ce qu'il fut, par le vide qu'il laisse : un grand serviteur de l'idée française en Alsace, un grand serviteur de l'idée alsacienne en France.

*
* *

Journal d'Alsace et de Lorraine, Strasbourg (21 déc.) :

Le défunt a fait partie de la phalange de ceux qui furent mêlés à la période de la protestation active, puis à celle du repli de l'Alsace sur elle-même pendant que régnait la « paix du cimetière », et qui, lors du réveil alsacien d'avant-guerre, élevèrent la voix et luttèrent par la plume pour le maintien intégral des acquêts français de ce pays.

Et c'est bien assez dire.

Chose curieuse, quand disparaît un de ces lutteurs de l'époque vraiment héroïque de l'histoire alsacienne, sous l'annexion, l'esprit cherche instinctivement à « situer » celui qui n'est plus. Et c'est ainsi que nous revoyons l'abbé Delsor, d'abord à la tribune du Reichstag, où il protestait contre les méthodes de colonisation prussienne en Posnanie, ensuite dans la chaire à prêcher de l'église de Wissembourg, la veille de l'inauguration du monument français, en octobre 1909, et, enfin, à la présidence du parlement d'Alsace-Lorraine, le 5 décembre 1918. Ces trois dates rappellent merveilleusement, à notre avis, les principales phases d'un grand passé....

Le défunt avait ses idées pour lesquelles il a lutté. C'était son droit. Il s'était imposé une ligne de conduite politique et il l'a suivie. C'était encore son droit. Des amis se sont trouvés à ses côtés ; des adversaires se sont dressés devant lui et, dans l'ombre, des ennemis ont rôdé, des ennemis qui n'admettaient point qu'il fît preuve d'indépendance et de franchise. Or, l'abbé Delsor était un fougueux, un impulsif ; il avait le tempérament de ceux qui luttent à visière découverte, et, à ce compte-là, on ne peut guère plaire à tout le monde.

Mais que pouvaient être ces petits défauts en regard de ses grandes qualités ?...

*
* *

Les Dernières Nouvelles, Strasbourg (21 déc.) :

Quand disparaît un homme qui a rempli sur la scène politique de son pays autant de place — et une place de premier plan — que l'abbé Delsor, il est difficile de rappeler en quelques lignes les divers aspects de l'activité du disparu.

Parlementaires français à Rome 1920 — (Canonisation de Jeanne d'Arc)

Parlementaires alsaciens et lorrains : MM. 1) Delsor, — 2) Wetterlé, — 3) Comte de Leusse, — 4) Brogly, — 5) Oberkirch, — 6) Schuman, — 7) Hackspill.

Issu d'une famille d'Auvergne, l'abbé Delsor était un combatif dans la plus large acceptation du mot. Il avait la ténacité des gens de son pays d'origine et toute la mobilité d'esprit des Alsaciens.

Avec lui disparaît non seulement un des doyens du parlementarisme régional, mais aussi le vétéran de la presse alsacienne. Il aura été la meilleure plume française de sa province. Clarté dans l'expression. style impeccable. il réunissait toutes les qualités du grand écrivain. Et avec cela, un don extraordinaire de polémiste....

Au Reichstag. l'abbé Delsor intervint souvent au mieux des intérêts de l'Alsace. Qu'il se soit agi de la question des langues, du phylloxéra, des chemins de fer, des lois d'exception, de la Constitution ou encore des lois d'expropriation qui frappaient la Posnanie, toujours l'abbé Delsor se joignit à ceux qui élevaient la voix au nom de la Justice et du Droit.

Au Landtag d'Alsace-Lorraine on vit intervenir l'abbé Delsor à propos de nombreuses questions d'intérêt régional ou général : refus de permis aux Français, voies ferrées. loi sur les Jésuites, école confessionnelle, etc. Il s'intéressait plus particulièrement à la région de Marlenheim, où il occupait la cure depuis 1901....

Saluons respectueusement la dépouille mortelle de l'Alsacien. du Français qui a prononcé ces paroles admirables et formulé cette magnifique profession de foi à la face du monde entier.

L'évêque de Strasbourg fit de lui un chanoine, mais c'est sous le nom de l'abbé Delsor que vivra le souvenir de celui que la mort vient de toucher.

***

La Flèche, Strasbourg (21 déc.) :

Malgré les profondes divergences de vue, et de conception qui nous séparent du défunt nous ne saurions manquer de nous incliner respectueusement devant cette vieille figure de l'Alsace française qui vient à disparaître.

*
* *

's Elsass, Strasbourg (21 déc.) :

Auch über seinen engeren persönlichen und politischen Freundeskreis hinaus fühlen heute Tausende, dass mit Chanoine Delsor eine schöne Elsässer Figur verschwindet, dass unsere an Persönlichkeiten nicht allzu reiche Zeit um eine charaktervolle Gestalt ärmer geworden ist. Erst die kommenden Jahre werden das mit starkem Griffel in die Geschichte unserer engeren Heimat eingeschriebene Werk Delsors voll erkennen lassen; erst das Verschwinden seiner Persönlichkeit wird uns ganz ermessen lassen, was sie einst für unser Elsass bedeutet hat....

Trauernd steht heute das Elsass an der Bahre eines seiner besten Söhne! Chanoine Delsor, der edle Kämpfer für Kirche, Heimat und Vaterland hat die Augen für immer geschlossen. Möge Gott ihm vergelten alles, was er Gutes getan und Böses erlitten hat. Möge er ihm den ewigen Frieden geben, den er verdient hat durch ein Leben voller Arbeit und Mühe im Dienste seiner Heimat und seiner Mitbürger.

*
* *

Strassburger Neue Zeitung (23 déc.) :

Er war eine impulsive, eine vulkanische Natur, nicht immer bequem, aber er hatte ein goldenes Herz, das für seine Freunde ohne zu zögern das Letzte hergegeben hätte. Seine Uneigennützigkeit war so bekannt, dass selbst seine Gegner, und er hatte deren nicht wenig, sich vor der Lauterkeit seines Charakters und seiner Selbstlosigkeit verbeugen mussten.

Herr Chanoine Delsor ist nun von uns geschieden, und jetzt erst schätzen wir es recht ein, was wir an ihm verloren haben. Ein Stück elsässischer Geschichte, und zwar der schönsten, heroischsten, ist ins Grab gesunken mit dem Veteranen, um den wir aufrichtig trauern und der die gewaltigen Zeitereignisse nicht nur miterlebt, sondern mit gestaltender Hand in sie eingegriffen hat. Sein Name wird für alle Zeiten einen Ehrenplatz einnehmen in den Annalen des französischen Elsass.

⁂

République, Strasbourg (21 déc.) :

Ein Veteran der elsässischen Politik, Abbé Delsor, hat das Zeitliche gesegnet.

Wenn ein Mann wie Abbé Delsor, der im politischen Leben seines Landes eine hervorragende Rolle gespielt hat. dahinscheidet. dann fällt es schwer, in einigen Zeilen die verschiedenen Seiten seiner Tätigkeit zu schildern.

Abbé Delsor stammte aus einer Familie aus Auvergne und war ein Kämpfer im wahrsten Sinne des Wortes. Er besass die Hartnäckigkeit der Leute seines Heimatlandes und die Geistesbeweglichkeit der Elsässer.

Mit ihm ist nicht nur einer der « Aeltesten » des regionalen Parlamentarismus. sondern auch der Veteran der elsässischen Presse dahingegangen. Er war der beste französische Schriftsteller seiner Provinz. Er vereinigte alle Eigenschaften eines solchen : Klarheit im Ausdruck. tadelloser Stil und war ausserdem ein ausserordentlicher Polemiker....

Im Reichstag intervenierte Abbé Delsor zu verschiedenen Malen zum besten der elsässischen Interessen. Ob es sich um die Sprachenfrage. um die Reblaus. die Eisenbahnen. die Ausnahmegesetze. die Verfassung oder auch um die Enteignungsgesetze. die Posnien betrafen. handelte. stets war Abbé Delsor auf Seiten derer. die ihre Stimme im Namen der Gerechtigkeit und des Rechts erhoben....

Der Bischof von Strassburg ernannte ihn zum Domherrn. aber unter dem Namen Abbé Delsor wird sein Andenken weiterleben.

⁂

Freie Presse. Strasbourg (21 déc.) :

Herr Delsor hat sich als katholischer Schriftsteller und Journalist hervorgetan. Als Parlamentarier war Herr Delsor vor allem der Mann der Kommissionsarbeit. der Verfechter regionaler Spezialprobleme.

Bei den Kämpfen innerhalb der klerikalen Partei. die nach der Veröffentlichung des Heimatbundmanifestes scharf wurden. stand Delsor auf Seiten von Pfleger und Bourgeois.

Er geriet mit den Vertretern des heimatbündlerischen Flügels in schroffen Konflikt. Der « Elsässer » murgte ihn damals ab wie einen Schuljungen. Die Heimatbündler im klerikalen Lager vergassen seine scharfe Stellungnahme nicht. Der bekannte Pfarrer Hanns von Rittershofen war es, der in der Delegiertenversammlung, in der die Kandidaten zur Senatswahl 1927 aufgestellt wurden, eine ungemein scharfe Attacke gegen Delsor ritt und diesen, um einige Stimmen in die Minderheit versetzte.

Es ist in eingeweihten Kreisen bekannt, dass Delsor diesen Schlag nie überwunden hat. Man kann wohl sagen, dass das Ereignis in dem Leben des trotz seines hohen Alters zähen Kämpen den Punkt bedeutet, an dem sich sein Weg zum Grabe wendete.

⁂

Elsässer Kurier, Colmar (24 déc.) :

Ein grossartiger Leichenzug begleitete heute die sterbliche Hülle des verewigten Herrn Chanoine Nicolas Delsor zur letzten Ruhestätte und legte Zeugnis ab von der hohen Verehrung, deren sich der Dahingeschiedene in weitesten Kreisen erfreute....

Am Grabe sprach Erzpriester Riehl die letzten Gebete. Dann, mit dem letzten Segensgruss der Weihwasserspende trennten sich die Mittrauernden, nicht ohne innere Ergriffenheit vom Grabe eines Mannes, der in der Geschichte des Elsasses in den letzten Jahrzehnten eine grosse Rolle gespielt, der mit ganzer Seele den Interessen des katholischen Volkes selbstlos und mit vollster Hingebung gedient, dem die weitesten Kreise Hochachtung und Verehrung zollten und dem das katholische Elsass ein unvergängliches Andenken tiefer Dankbarkeit bewahren wird.

Man darf annehmen, dass eine biographische Darstellung des Lebens und Wirkens des Chanoine Delsor aus der Feder eines seiner Freunde erscheinen wird, welche zugleich ein übersichtliches Bild der religiösen und politischen Geschichte des Elsasses aus den letzten Jahrzehnten bieten wird, mit welcher Herr Chanoine Delsor aktiv auf das innigste verknüpft war.

Abbé Delsor hatte, nachdem die erste Reihe der katholischen politischen Führer des Elsasses nach 1870 die Guerber, Simonis, Winterer, Charles Grad vom Schauplatz abgetreten waren, mit der zweiten Equipe die Führung übernommen und eine massgebende Rolle gespielt ; rednerisch und publizistisch.

Die Artikel des Herrn Abbé Delsor in der « Union » hatten in den 80er Jahren das Einschreiten der Diktatur und die Aufhebung der « Union » veranlasst. Lange Jahre hatte er durch seinen « Volksboten » und durch seine « Revue catholique » auf die politische Aktion der Katholiken des Elsasses richtunggebend eingewirkt.

Herr Delsor verband mit hohen Geistesgaben und einer reichen Intelligenz, einen lebhaften Charakter und ein Kämpfer-Temperament. Er hat für die Sache seines christlichen, elsässischen Volkes Jahrzehnte hindurch den guten Kampf gekämpft. Er ruhe in Frieden ! Seiner gläubig-hoffenden tieffrommen Priester-Seele sei Gottes ewiger Lohn zuteil!

Le Lorrain — Metz : 22 déc.

C'était un rude polémiste que l'abbé Delsor, journaliste de grande classe plutôt qu'orateur puissant. Mais quel mordant, quel cran ! Quel beau type d'Alsacien, et encore mâtiné d'Auvergne, d'où sont originaires les Delsor ! Toujours ce fut l'homme d'action, ardent, impétueux même, que tous admiraient parce que son intégrité politique, son désintéressement, son amour de la justice, son empressement à servir la bonne cause le mettaient au-dessus de tout soupçon.

Le Messin — Metz : 22 déc.

C'est un grand patriote qui disparaît, emportant les regrets de la population alsacienne, qui admirait l'énergie et la dignité de sa vie et sa foi dans les destinées de l'Alsace française.

Directeur de la *Revue catholique d'Alsace*, orateur redouté, écrivain de premier plan, le chanoine Delsor mit toujours sa plume et son talent oratoire au service de l'idée française en Alsace.

⁂

L'*Alsace* — Mulhouse.

La mort de ce grand Français, de cet Alsacien sans tache, ami du peuple et des humbles, sera vivement ressentie en Alsace et dans la France entière.

Nous nous inclinons avec douleur devant sa pure mémoire.

⁂

B. Journaux de Paris

Journal des Débats — 22 déc.

En la personne du chanoine Delsor, qui vient de mourir, âgé de quatre-vingts ans, disparaît un de ces Alsaciens, dont on citait les noms, au lendemain de l'armistice, pour attester la fidélité de nos trois départements envers la France...

Celui qui entreprendra d'écrire la biographie du défunt ne manquera pas de dire le rôle que celui-ci joua au lendemain de l'armistice, à l'époque trouble où, déjà, la neutralité allemande essayait de prendre pied en Alsace. La Chambre des députés de Strasbourg était devenue, face aux Soviets, une Assemblée nationale. Elle connut des heures mouvementées.

« L'Assemblée considère à jamais comme inviolable « et imprescriptible le droit des Alsaciens et des Lorrains de « rester membres de la famille française. *L'Assemblée natio- « nale estime comme un devoir, avant de s'ajourner, de pro- « clamer à son tour : La rentrée de l'Alsace et de la Lorraine « dans le droit, leur rattachement à la France indiscutable « et définitif* ».

L'abbé Delsor mit cette proposition aux voix. Elle fut adoptée à l'unanimité. Un député lorrain, M. Barthélmy, proposa l'affichage, qui fut voté. Et l'abbé Delsor reprenant la parole pour souligner l'importance du vote, dit notamment : « *Le referendum n'a plus de raison d'être ; il est fait* ». Il termina son allocution sur ces mots : « Avant de nous séparer, je vous invite à acclamer encore une fois la patrie retrouvée, et, par exception j'autorise les tribunes à y participer : Vive la France ! Vive l'Alsace et la Lorraine ! Vive la France ».

Nous avons assisté à cette séance de l'Assemblée nationale. Nous fûmes témoin de la profonde émotion qui faisait trembler la voix de l'abbé Delsor. Cette émotion gagna les tribunes. Debout. nous nous mîmes à crier éperdument : « Vive la France ! »

Et tous, nous chantâmes la *Marseillaise*. Quand on a vécu ces heures...

Aujourd'hui, la voix de celui qui cria alors sa joie d'être redevenu Français s'est éteinte pour toujours !

Mais les paroles tombées, le 5 décembre 1918. du haut de la tribune présidentielle de l'Assemblée nationale d'Alsace-Lorraine resteront. Et rien que l'évocatoin d'un pareil souvenir grandit singulièrement celui qui les a prononcées au nom de toute l'Alsace.

(P. Bourson.)

*
* *

Echo de Paris. 22 déc. :

Le 5 octobre dernier, la presse alsacienne célébrait les 80 ans du chanoine Delsor. le doyen des journalistes d'Alsace.

A travers les 48 années de la séparation d'avec la France. nul n'a symbolisé plus fidèlement que M. Delsor la continuité française dans la pensée alsacienne. S'éteignant en effet au seuil de la dixième année de l'Alsace glorieusement recouvrée. cette laborieuse existence a vu luire son aurore quelque vingt ans avant que fussent arrachées à la France nos deux provinces frontières.

Toute la vie du défunt se trouve étroitement mêlée à l'histoire mouvementée de l'Alsace dont il a été. sur la scène politique, l'un des acteurs les plus en vue. Toujours sur la brêche, il fut avec les Wetterlé, les Preiss, les Laugel, les Sieffermannn et tant d'autres, l'un des porte-étendard du souvenir français face aux électeurs alsaciens....

Personne ne contestera tout ce qu'avait d'incisif, de primesautier, d'heureusement original dans la bonne acception du terme, la vigoureuse personnalité de M. Delsor. Grand remueur d'idées, il était un enthousiaste de ses convictions. Il se passionnait au service de sa cause avec un désintéressement absolu, en un temps où la politique en Alsace n'était guère lucrative. Dans toutes les polémiques d'ordre religieux ou politique, son opinion faisait poids. Elle donnait une note très personnelle, mais jamais négligeable.

Maniant dans la perfection les deux langues, l'allemand et le français, l'ancien député protestataire fut aussi un journaliste hors pair, au talent redoutable. D'une plume mordante, à l'emporte-pièce, M. Delsor, qui avait du tempérament, était un jouteur peu commode. Nombre de ses adversaires ne se sont jamais relevés de ses coups de fleuret. Mais autant, à certaines heures il se montra âpre à la lutte, autant, dans l'intimité, il était l'homme le meilleur, d'une bonté toute de délicatesse et de courtoisie, d'un dévouement toujours serviable à tous....

Lettré délicat, M. Delsor avait le goût inné des choses de l'esprit. Sa culture était vaste, son érudition profonde. La fine pointe de son intelligence subtile et infiniment nuancée s'aiguisait aux difficultés. Il excellait à mettre en saillie l'aspect essentiel d'une question, le nœud d'une situation. En dépit de ses forces physiques lentement déclinantes, M. Delsor a conservé vivace jusqu'à sa mort toute sa judicieuse lucidité....

Patriote avec ardeur, M. Delsor ne l'était pas aveuglément. Il ne ménageait point les pouvoirs publics quand ceux-ci couraient à la dérive. Les événements ont déjà rendu justice à la haute clairvoyance de l'ancien sénateur du Bas-Rhin. Ses appels à la vigilance vis-à-vis de l'Allemagne, son ferme refus de pactiser jamais avec les autonomistes, son horreur instinctive de l'équivoque dans la question nationale grandiront la figure de M. Delsor à mesure que couleront les années.

(Th. Lemblé.)

⁂

Le Figaro — 28 déc. sous le titre :

Un témoin qui disparait

A la veille de Noël, les cloches de la cathédrale de Strasbourg sonnèrent l'office funèbre d'un vieux chanoine qu'il y a peu de semaines encore on rencontrait régulièrement, à l'heure des vêpres, sur le chemin qui l'amenait à sa stalle : c'était Delsor. Député au Reichstag, puis sénateur au Luxembourg, directeur du *Volksbote*, directeur de la *Revue catholique d'Alsace*, il avait joué dans son pays un rôle de premier plan, exercé une action considérable et toujours dans le sens de la fidélité française....

Avant M. Poincaré, avec l'autorité d'un Alsacien de vieille souche et d'un élu du terroir, l'abbé Delsor avait affirmé, aux applaudissements de ses collègues : « Le referendum n'a plus de raison d'être. Il est fait ! » Il répondait ainsi d'avance aux astucieux sophistes qui s'appliquent aujourd'hui à semer un doute sur la validité de nos titres en Alsace et Lorraine.

« Nos provinces seront fières, avait-il dit (dans le discours cité), de devoir à la mère-patrie retrouvée, avec la sauvegarde de leurs traditions, de leurs croyances et de leurs intérêts économiques *qui lui a été solennellement garantie par les chefs de l'armée victorieuse*, une nouvelle ère de liberté, de prospérité et de bonheur ».

(Jean Galien.)

⁂

Le Journal :

La France et l'Alsace perdent en lui une grande figure politique qui aura marqué de son empreinte toute l'histoire d'Alsace depuis plus de 60 ans.

C. Les Revues

Le Correspondant. — Paris, 1928, 10 janvier.

On l'appelait depuis un an le chanoine Delsor; nous lui laisserons le simple titre, qui lui convient mieux, sous lequel il a mené si longtemps le bon combat alsacien. L'abbé Delsor s'est éteint, le 20 décembre, à Strasbourg, alors qu'on célébrait là-bas le centenaire de Mgr Freppel. A travers les vingt ans de distance et la différence des situations, même la divergence de quelques nuances d'opinion qui les séparent, on a le droit de rapprocher les noms et les figures de ces deux hommes: deux prêtres, deux enfants de l'Alsace. L'un, venu à Paris, professe brillamment à la Sorbonne l'éloquence sacrée; il devient évêque d'Angers, un évêque dont l'action dans son diocèse et au dehors n'a pas passé inaperçue; il est membre insigne et en vue du Parlement français. L'autre, fixé au pays annexé par son ministère et par les conditions de l'Alsace, modeste curé de campagne, défend, avec sa plume de journaliste, les intérêts de sa petite patrie; il la représente au Reichstag de Berlin jusqu'au jour où il a la joie de participer à la désannexion et de siéger quelques années au Luxembourg. Ils ont servi tous deux avec une ardeur fidèle et infatigable, ils ont aimé du même amour profond, indéfectible, l'Eglise, l'Alsace et la France...

Par de là et avec la figure d'un Delsor, je ne puis m'empêcher d'apercevoir celle qui se relie naturellement à la sienne: d'un Winterer.... Belle et forte lignée des anciens prêtres d'Alsace, enracinée dans la foi et la fidélité, dans la défense des traditions religieuses, alsaciennes et françaises, dans l'attachement au sol, dans l'esprit du terroir, dans l'amour de la France uni à celui de l'Eglise, qui peut croire que la semence déposée par vous ne regermera pas au cœur de nouvelles générations?...

L'abbé Delsor avait le caractère vif et indépendant. On pouvait ne pas aimer ses vivacités et son indépendance; on eut pu le laisser, un an de plus, à l'honneur, après qu'il avait été tant d'années à la peine. Le geste qui l'écartait ainsi n'était pas très beau. L'évêque de Strasbourg, dont il était, depuis la désannexion, le représentant au Conseil départemental de l'Instruction publique, le nomma chanoine titulaire de sa cathédrale. C'était une compensation honorable et une fin de carrière très digne pour le prêtre alsacien...

Pierre de Quirielle.

La Nation. — Paris (organe de la Fédération Républicaine), 1928, 7 janvier.

Le chanoine Delsor est un de ces hommes qui font honneur à l'époque à laquelle ils appartiennent. Par la dignité de sa vie, par la générosité de son caractère, par la fidélité à ses principes politiques et patriotiques, par son talent d'orateur et d'écrivain, le chanoine Delsor, depuis de longues années, s'imposait à l'estime de ses compatriotes. Avec son visage aux traits énergiques, aux yeux scrutateurs et inquiets, à la mâchoire puissante, il donnait une singulière impression de volonté et de force; on devinait en lui le jouteur intrépide, le polémiste redoutable, ne craignant pas d'attaquer pour mieux se défendre de ses sarcasmes, et avec une impitoyable logique ceux qu'il regardait comme les ennemis de la Patrie et de la Religion. Et quand cet homme, qui semblait toujours pressé d'entrer dans l'arène et d'entamer le bon combat, recevait familièrement ses amis dans son presbytère de bon curé de campagne, il se montrait d'un commerce charmant, sachant divertir et intéresser. Son langage était pittoresque, ses idées ingénieuses et claires et ses yeux s'animaient soit d'un éclair de malice, soit d'un rayon de bonté, car son cœur était aussi compatissant que son intelligence était mordante. Il savait pratiquer le pardon des injures, non par hautain mépris, mais par un acte chrétien de sa volonté....

Quelques jours après ce fatal événement (l'expulsion de Lunéville, 1904), j'allai trouver l'abbé Delsor à Marlenheim où il était curé, pour lui faire part de l'indignation dont j'étais animé à la suite de la mesure aussi bête que méchante qui avait été prise contre lui, et il me dit tranquillement ceci: « Mon cher ami, je ne souhaite qu'une chose, c'est que la France n'ait pas trop à souffrir du sectarisme de son gouvernement actuel ». L'abbé Delsor ne commettait pas l'erreur de confondre la France avec son gouvernement, il ne rendait pas la première responsable des erreurs du second....

Aujourd'hui l'abbé Delsor, que l'évêque de Strasbourg, pour reconnaître ses mérites, avait nommé chanoine de sa cathédrale, est aligné pour toujours dans les rangs innombrables de tous ceux qui se sentent les coudes sans plus chercher ni à se supplanter, ni à se jalouser, et qui attendent patiemment le jugement de Dieu et de l'histoire. *A. Laugel.*

L'Alsace française. — Strasbourg, 1928, 1er janvier.

« C'est en quittant la chambre mortuaire du regretté chanoine Delsor que je note ces rapides souvenirs personnels sur le grand patriote qui s'est dévoué à l'idée française en Alsace pendant plus de cinquante ans. En contemplant pour la dernière fois les traits émaciés, les paupières closes, les doigts inertes qui tiennent encore le crucifix, j'ai mieux compris s'il est possible, dans le silence solennel de la mort, la beauté de cette vie toute d'abnégation, de franchise et de droiture...

Dans l'intimité, M. le chanoine Delsor était d'une affabilité et d'une cordialité si naturelle et si franche, que le visiteur en était d'abord quelque peu surpris, mais la surprise se transformait bien vite en charme... Les amis qui se présentaient dans son modeste logement de prêtre retraité étaient toujours sûrs d'y trouver bon accueil. Le journaliste qui venait là à des heures particulièrement sérieuses de sa carrière difficile, pour chercher lumière et conseil chez le vénéré doyen, si riche d'expériences et d'un jugement si sûr, a toujours trouvé devant soi, dans l'austère cabinet de travail, un confrère très simple, très franc, très consciencieux, sans cesse animé du vif désir d'être utile à l'interlocuteur...

Heureux ceux qui ont consacré leur existence et épuisé leurs forces au service d'une cause aussi noble que celle qu'a toujours défendue le chanoine Delsor, et bénis soient les prêtres qui, comme lui, n'ont au cœur que ces deux passions : l'amour de l'Eglise et l'amour de la France !

Aug. Sidel.

* * *

Notre Droit Régional, 1928, janv.-févr. : *Un point d'histoire :*

« Les élections de 1890 au Reichstag accusèrent un recul... L'opinion désorientée avait besoin d'être ressaisie et c'est un volume entier que Delsor écrivit, dans sa combative « Revue catholique », pour exprimer sa façon de voir. Elle se résumait en ces trois termes : 1) Il faut nous organiser. 2) Il faut, pour nous organiser, nous servir du « Volksverein ». 3) Il faut nous organiser en vue du maintien de notre groupe alsacien-lorrain au Reichstag...

Il s'acharne à démontrer que l'adhésion au Centre serait non seulement inutile, mais néfaste à la cause qu'il mit toujours au premier plan de sa pensée politique : celle de l'Alsace fidèle à son passé. Tant au point de vue parlementaire, de tactique et d'influence, qu'au point de vue électoral, de recrutement des suffrages, il estimait que l'absorption des Alsaciens dans le « Zentrum » eût été leur abdication...

* * *

Die Heimat. — Colmar, 1928, N° 1, janvier.

... Die gesamte Presse widmete dem Dahingeschiedenen sympathische Nachrufe, darunter auch Blätter, mit denen Chanoine Delsor zeitlebens in scharfem Gegensatz stand...

Gleichzeitig redigierte er die Zeitschrift « Revue catholique d'Alsace », die er Jahrzehnte lang durch alle Fährnisse durchhielt. Er schrieb neben Artikeln über aktuelle Fragen regelmässig die politische Monatsrundschau... Diese Monatsübersichten in prächtigem Stil, mit geistvollen Aperçus, mit stets originalem Urteil über Personen und Dinge, gehören sicherlich zum Besten, was in diesem Genre geschrieben worden ist. Sie sind eine Fundgrube für die politische Geschichte im allgemeinen und des Elsass im besonderen...

Abbé Delsor war ein ungewöhnlich ideenreicher Kopf, der die Dinge von ihren verschiedenen Seiten erfasste und originell und plastisch zu schildern wusste... Abbé Delsor war der klassische Vertreter der Zweisprachigkeit... Abbé Delsor war ein glänzender Redner in Volksversammlungen. Es zitterte und bebte in ihm die Ueberzeugung von seiner Sache und riss die Zuhörer mit. Im Parlament aber verhielt er sich reserviert und trat wenig hervor... Herr Delsor war vielleicht dem Parlamentarismus gegenüber zu skeptisch. Sein sarkastischer Grundzug eignete sich besser zu scharfer Kritik in Volksversammlungen und in Pressepolemiken...

Fr.-X. Hægy.

* * *

D. Témoignages privés

Nous croyons devoir ajouter à ces voix des journaux et des revues deux extraits de lettres, parvenues à la maison Le Roux. La première est d'un éditeur de Paris, la deuxième d'une abonnée fidèle de la Revue catholique d'Alsace :

Paris, le 26 déc. 1927.

Mon cher confrère,

Si je n'avais pas été si affligé du côté de la vue, ce qui m'empêche de voyager seul, j'aurais certainement accompagné mon vieil ami, le chanoine Delsor, en son dernier asile où, dans l'attente de la réalisation de ses chrétiennes espérances, il ne connaîtra plus les défaillances de ceux qui ne connaissent l'amitié que pour l'honneur ou le profit qu'elle procure.

L'Alsace se serait honorée en lui restant fidèle jusqu'au bout. A. S.

*
* *

Tours, le 4 janvier 1928.

...Je profite de l'occasion de cette correspondance pour exprimer de tout cœur mes regrets sincères et profonds de la mort de M. le Chanoine Delsor. Cette noble et grande âme alsacienne si patriote fait un vide immense, aux heures bien graves que nous traversons.

Je regrette beaucoup son article toujours si rempli de clairvoyance, de jugement juste et droit, sur toute chose. Je me demande même, un peu si vous allez continuer cette intéressante revue. Je souhaite pourtant bien vivement que vous le puissiez, les publications catholiques sont plus utiles que jamais.... J. Br.

DELSOR

IMPRESSIONS DE FUNÉRAILLES.

Sonnez! pleurez, airains, voix de la cathédrale.
Notre Alsace est en deuil: douleur nationale.
L'Eglise pleure un prêtre et Strasbourg, un enfant,
Nous perdons un ami, notre France, un vaillant.
Alsace, incline-toi donc sur son sarcophage;
Accorde-lui, Pontife, un ultime suffrage.
Ton corps, Delsor, s'en va reposer à « Saint-Gall » (1);
Mais ton cœur, vivant, reste avec nous, intégral.

Esprit droit, noble cœur, généreux caractère,
Pour lui, tout simplement la France était la mère
Qu'il aimait tendrement, en véritable fils,
Tant celle d'autrefois, royaume de Clovis,
Tant la France héroïque, œuvre de la Pucelle,
Que celle du grand Foch! notre France immortelle!
Il la savait toujours, flambeau de vérité,
Messagère de foi, mère de liberté.

Et comme il t'aimait, toi, noble Alsace, si belle . . . !
— Qui donc de ton cœur fit un sujet de querelle?
Trahison! — Chère Alsace, écoute ton Delsor:
Du fond noir de sa tombe entends sa voix encor:
« Oh! que finisse enfin ce funeste malaise!
« Ta gloire et ton bonheur, oui, c'est d'être française;
« Conserve ta devise, affirmant tes amours:
« Dieu, la France et l'Eglise, à jamais, sans détours. »

Sonnez! chantez, bourdons, voix de la cathédrale;
C'est la France qui passe en marche triomphale:
Ministres de l'autel, édiles, députés,
Sénateurs, grands soldats, tous corps constitués,
Vétérans de septante, hommes de toute classe.
Notre France entière en sa fidèle Alsace
Lui dit — suprême adieu —: Delsor, repose en paix,
Tu fus un prêtre aimé, doublé d'un grand Français.

Saint-Hippolyte, le 23 décembre 1927. Eininger Ch.

---

(1) L'un des cimetières de Strasbourg.

POSTSCRIPTUM.

Le jour de l'enterrement de Monsieur le Chanoine Delsor (23 déc. 1927), quelques-uns de ses amis, réunis à leur retour du cimetière de Saint-Gall, et encore sous l'impression des magnifiques funérailles que la France, avec Strasbourg et l'Alsace en tête, venait de lui faire, décidèrent de consacrer à sa mémoire le prochain numéro de la *Revue catholique d'Alsace.* Les collaborateurs auxquels ils s'adressèrent pour l'exécution de ce pieux dessein, répondirent avec empressement à leur appel. Ils se partagèrent les rôles, chacun choisissant, pour en faire le sujet de son étude, ce qu'il connaissait le mieux de la personne, de la vie ou de l'œuvre du regretté défunt. Et c'est le fruit de cette collaboration que nous présentons aujourd'hui à nos lecteurs.

Ils y trouveront, sans doute, des redites. Et ces redites étaient inévitables, chacun de ces collaborateurs ayant travaillé de son côté sans connaître le travail de l'autre. Il est même probable qu'ils y découvriront de légères différences d'appréciation, des nuances qui, témoignant de la liberté laissée à l'auteur de chaque étude, ne pourront qu'augmenter la valeur documentaire de l'ensemble. De toute façon, les lecteurs, nous en avons la conviction, y reconnaîtront la grande et belle figure d'Alsace que nous avons essayé de retracer, et le portrait sera trouvé ressemblant. Nous y avons, sans doute, mis tout notre cœur; mais nous y avons mis aussi tout notre amour de la vérité.

G. I.

TABLE DES MATIERES

Imprimerie F. X. LE ROUX & Cie., S. A., Strasbourg. — II. 28

LA REVUE CATHOLIQUE D'ALSACE

Revue mensuelle, fondée en 1859 par M. le chanoine P. MURY, alors professeur au Petit-Séminaire de St-Etienne à Strasbourg, la REVUE CATHOLIQUE D'ALSACE, était en pleine floraison en 1870 quand, par suite de la guerre et de l'annexion de l'Alsace, elle dut disparaître sous le régime de la dictature de Bismarck.

C'est en 1882 que l'abbé DELSOR, alors curé de Wahlenheim, la ressuscita. Malgré de nombreuses difficultés, la REVUE CATHOLIQUE D'ALSACE put continuer sa mission religieuse et patriotique jusqu'en juillet 1914, où elle fut de nouveau victime de l'ostracisme, qui supprimait en Alsace tout ce qui était imprimé en langue française. Après la victoire des alliés, le chanoine DELSOR en reprit la publication (1919 1er janv.) et conserva la direction jusqu'à son décès.

La REVUE CATHOLIQUE D'ALSACE est restée fidèle à son programme religieux, historique et littéraire. Durant les dernières années le nombre des collaborateurs comme celui des abonnés s'est augmenté. Nommons parmi les premiers: MM. G. BLONDEL-PARIS, RIBAUD-GENÈVE, les professeurs DUQUESNE, BEAUCOURT, VANSTENBERGHE de l'Université de Strasbourg, les professeurs RIEHL, PFLEGER, MORGENTHALER, etc.

Cette revue, au passé si plein de mérites, indispensable au temps présents, les AMIS DE LA REVUE sont décidés à en continuer le publication. Pour la *rédaction* et la collaboration s'adresser à M le *Chanoine GASS*, professeur au Grand-Séminaire de Strasbourg.

Les prix actuels d'abonnement sont les suivants:

Pour la France		**1 an**	**24**	— frs.
		6 mois	**12.**	— „
Pour l'étranger	Pays à taxe réduite	**1 an**	**28.**	— „
		6 mois	**14.**	— „
	Pays à taxe pleine	**1 an**	**32.**	— „
		6 mois	**16.**	— „

Les abonnements sont reçus chez les Editeurs:

F. X. LE ROUX & Cie, S. A.

34, rue des Hallebardes

STRASBOURG

Le moyen le plus économique pour en verser le montant est d'utiliser son compte de chèques-postaux Strasbourg 918.

www.ingramcontent.com/pod-product-compliance
Ingram Content Group UK Ltd.
Pitfield, Milton Keynes, MK11 3LW, UK
UKHW021536260726
13993UKWH00002B/529